Die deutsche Beamtenbesoldung

Von

Dr. Hans Völter

Sonderdruck
aus Schriften des Vereins für Sozialpolitik Band 184/I:
Die Beamtenbesoldung im modernen Staat
Herausgegeben von Professor Dr. Wilhelm Gerloff, Frankfurt a. M.

VERLAG VON DUNCKER & HUMBLOT
MÜNCHEN UND LEIPZIG 1932

Alle Rechte vorbehalten

Pierersche Hofbuchdruckerei Stephan Geibel & Co., Altenburg, Thür.

DR. HANS VÖLTER

Die deutsche Beamtenbesoldung

Inhaltsverzeichnis

Vorwort

Die nachstehende, auf Veranlassung des Vereins für Sozialpolitik verfaßte Abhandlung über das deutsche Besoldungswesen will nicht den Anspruch erheben, eine vollständige Darstellung dieser so umfangreichen Materie zu bieten. Sie versucht vielmehr, unter eingehender Betrachtung der wichtigsten Einzelfragen sowohl einen allgemeinen Überblick zu geben, wie die grundsätzlichen Fragen der Besoldungspolitik aufzuzeigen. Die Abhandlung konnte es sich daher keinesfalls zum Ziele setzen, ein Nachschlagewerk für den Praktiker zu bieten.

Die am Schlusse wiedergegebenen Forderungen der Beamtenverbände sind von diesen selbst aufgestellt und ohne Änderung oder Zusatz des Verfassers abgedruckt. Die Abschnitte IV C 2, 3 und 4, VII, IX und X hat Herr Diplomkaufmann Walter Kurz, Berlin, verfaßt; der Autor des Abschnitts VIII ist Herr Referendar Kurt Berlowitz, Berlin. Den Beamtenorganisationen sowie den beiden genannten Herren sei für ihre Mitarbeit an dieser Stelle gedankt. Besonderer Dank gebührt ferner Herrn Ministerialrat Sölch, Berlin, für die liebenswürdige Unterstützung der Arbeit durch Nachweis und Überlassung von Materialien.

Berlin, Dezember 1931.

Dr. Hans Völter

I. Einleitung

Die deutsche Beamtenbesoldung ist so vielgestaltig differenziert, daß eine auch nur einigermaßen erschöpfende Darstellung einen für die vorliegenden Zwecke viel zu großen Raum einnehmen würde. Umfaßt doch z. B. der führende Kommentar zum Reichsbesoldungsgesetz und seinen Ausführungsbestimmungen ein Buch von über 700 Seiten, während das Gesetz selbst nur 45 Paragraphen aufweist. Es ist deshalb von vornherein notwendig, den Kreis der Darstellung eng abzustecken. Auch in dem so gezogenen Rahmen muß sich jedoch die Abhandlung auf die Herausarbeitung des Wesentlichen beschränken, und nur gelegentlich wird zu Vergleichszwecken ein kurzer Seitenblick auf Spezialfragen oder Sonderverhältnisse getan werden können.

Zunächst sei bemerkt, daß sich die Darstellung auf Regelung der Besoldung für diejenigen Personen beschränkt, die öffentliche Beamte sind. Der Beamtenbegriff ist in Deutschland, von Grenzfällen abgesehen, scharf geschieden von dem Begriff des Angestellten und des Arbeiters. Das Hauptkennzeichen für die Unterscheidung liegt in der Art des Anstellungsverhältnisses. Beruht dieses auf einem Privatdienstvertrag bürgerlich-rechtlicher Art, oder ist es durch einen Kollektiv-Vertrag des Arbeitsrechts geregelt, so liegt kein Beamtenverhältnis vor. Auf Privatdienstvertrag angestellte Staatsbedienstete sind daher keine Beamten; der Ausdruck „öffentliche Angestellte" als Bezeichnung für Beamte ist daher für Deutschland nicht zutreffend und nicht üblich. Die Besoldung der öffentlichen Angestellten ist in Deutschland durch Tarif- und Arbeitsverträge geregelt, die sich in ihren materiellen Bestimmungen allerdings weitgehend an die Regelung der Beamtenbesoldung anschließen; insbesondere richtet sich die Bemessung der Bezüge und die Einteilung in Gruppen durchweg nach dem Beispiel der Beamtenbesoldung. Dem Zweck der Arbeit entsprechend ist jedoch davon Abstand genommen, auf die Regelung des Besoldungswesens der öffentlichen Angestellten und die Tarifverträge der öffentlichen Arbeiter einzugehen. Sie beschränkt sich vielmehr auf die Darstellung der für die Beamten maßgebenden Besoldungsbestimmungen.

Nun ist aber auch der Beamtenbegriff kein unbedingt feststehender. Im Sinne des Strafgesetzbuchs und seiner Vorschriften über Beamtendelikte ist der Kreis der Beamten erheblich größer als beispielsweise im Sinne des Reichsbeamtengesetzes. Von dem strafrechtlichen Beamtenbegriff können Personen erfaßt werden, deren Anstellung nicht auf Grund des Reichsbeamtengesetzes vorgenommen wurde und deren Bezahlung sich auch nicht nach dem Besoldungsgesetz richtet. Daher ist der strafrechtliche Begriff des Beamten für unsere Zwecke untauglich. Der Kreis derjenigen Personen vielmehr, auf die die gesetzliche Regelung der Beamtenbesoldung Anwendung findet, ist im allgemeinen identisch mit denjenigen öffentlichen Bediensteten, die auf Grund der Beamtengesetze in ein öffentliches Beamtenverhältnis berufen sind, und deren Dienstverhältnisse sich nach den Bestimmungen dieser Beamtengesetze regeln. Voraussetzung also für die Anwendung besoldungsrechtlicher Normen ist das Bestehen eines Beamtenverhältnisses im Sinne des Beamtengesetzes. Damit scheiden alle diejenigen aus unserer Untersuchung aus, auf die zwar vermöge ihrer Funktionen der strafrechtliche Beamtenbegriff Anwendung findet, die aber, da sie sich in einem privatrechtlichen Angestellten- oder Arbeitsverhältnis befinden, nicht Beamte im Sinne des Beamtengesetzes sind. Es erübrigt sich, nach dem Gesagten noch besonders zu betonen, daß somit natürlich auch Personen wie Bank- oder Versicherungsangestellte, auf die der Sprachgebrauch vielfach unzutreffenderweise die Bezeichnung „Beamte" oder „Privatbeamte" anwendet, aus unserer Untersuchung ausscheiden.

Will man die Frage nach der Regelung des Besoldungswesens für den verbleibenden Rest von eigentlichen Beamten (im Sinne der Beamten- und der Besoldungsgesetze) beantworten, so ist zuerst festzustellen, daß auch deren Besoldung keineswegs einheitlich nach gemeinsamen, für alle Beamte verbindlichen Normen geregelt ist. Nach der staatsrechtlichen Gliederung Deutschlands sind vielmehr zu unterscheiden: Reichsbeamte, Länderbeamte, Kommunalbeamte, Reichsbahnbeamte, Reichsbankbeamte und Beamte sonstiger öffentlich-rechtlicher Körperschaften (z. B. Beamte von öffentlich-rechtlichen Religionsgesellschaften, von Versicherungsträgern u. a. m.). Wir haben daher neben der Regelung der Besoldung für die Beamten des Reichs für jedes der 18 deutschen Länder ein besonderes Besoldungsgesetz, in dem die Besoldung für die Beamten des betreffenden Landes geregelt ist; ferner bestehen Besoldungsordnungen für die Beamten in ca. 60000 Gemeinden, dazu die Regelungen für die Beamten der Kreise, Provinzen sowie für die Beamten der sonstigen öffentlichrechtlichen Körperschaften.

Die Gemeinden haben das Recht der Selbstverwaltung. Die Länder besitzen (im Rahmen der Deutschen Republik) gewisse staatliche Hoheitsrechte. Reichsbahn und Reichsbank sind auf Grund der Reparationsgesetze selbständige öffentliche Rechtspersonen, unabhängig vom Reich und seinem Haushalt. Je nach der Rechtsperson des Anstellungs- oder Dienstberechtigten gehen also von diesem auch die Befugnisse zur selbständigen rechtlichen Ordnung des Besoldungswesens für die in seinem Dienst stehenden Beamten aus. Hieraus ergibt sich zwangsläufig, daß es unmöglich ist, auch nur einen Überblick über die vorhandenen zahlreichen einzelnen Besoldungsordnungen von Reich, Ländern, Gemeinden, Gemeindeverbänden, von Reichsbahn, Reichsbank, Versicherungsträgern, Religionsgesellschaften, Kreisen, Provinzen, Zweckverbänden und sonstigen öffentlichen Körperschaften zu geben. Es erscheint jedoch auch nicht notwendig, einen solchen Versuch zu machen. Auch nachdem der eine Zeitlang vorhandene gesetzliche Zwang für die Länder, Gemeinden usw., ihre Besoldungen genau nach den Vorschriften des Reichs zu regeln, gefallen ist, schließen sich die Besoldungsordnungen der genannten Körperschaften im wesentlichen, in ihren Grundzügen, ihren Hauptelementen und ihrem Aufbau an die Besoldungsordnung des Reichs an. In der Klassifizierung allerdings, da und dort auch in der Bemessung der Bezüge, gibt es Abweichungen. Diese sind bedingt durch Unterschiede im Aufbau der staatlichen Verwaltungsorganisation und in der Verschiedenartigkeit der öffentlichen Aufgaben, die den einzelnen Trägern der öffentlichen Verwaltung in Deutschland obliegen. Postbeamte oder Zollbeamte z. B. gibt es nur im Reichsdienst, weil diese beiden öffentlichen Verwaltungszweige nach der Reichsverfassung ausschließlich Angelegenheit des Reiches sind. Lehrer wiederum oder Forstbeamte stehen überwiegend im Dienste der Länder, während z. B. Feuerwehrbeamte oder Fürsorgebeamte hauptsächlich Gemeindebeamte sind. Da aber die Darstellung der hierbei in Frage kommenden Details nicht Aufgabe dieser Abhandlung ist, und da ferner die vom Reiche für seine Beamten und ihre Besoldung aufgestellten Normen in ihren Grundzügen auch maßgebend in der Regelung der Besoldung der übrigen Beamten sind, kann sich die Abhandlung in der Hauptsache auf die Darstellung des Besoldungsrechts des Reichs beschränken. Die dabei erläuterten allgemeinen Grundtendenzen zeigen sich ebenso auch im Besoldungswesen der Länder, Gemeinden usw., so daß durch ihre Betrachtung ein Bild vom gesamten deutschen Besoldungswesen und der Besoldungspolitik in Deutschland gewonnen wird. Wo Verallgemeinerung der Besoldungsgrundsätze des Reichs oder einzelner Vorschriften nicht zulässig ist, ist dies besonders vermerkt.

Aus dem Gesagten ergibt sich bereits, daß die Gesamtheit dessen, was hier unter Beamtenbesoldung verstanden werden soll, seinen rechtlichen Niederschlag in den Besoldungsgesetzen findet. Für das Reich und die

Länder sind die Hauptfragen der Beamtenbesoldung in Gesetzen geregelt, die, wie jedes andere Gesetz, vom Parlament verabschiedet sind. Für die Gemeinden haben die Besoldungsordnungen den Charakter von Ortsgesetzen. Ebenso kommt auch den von den sonstigen öffentlich-rechtlichen Körperschaften im Rahmen ihrer allgemeinen Befugnis und der ihnen delegierten Hoheitsrechte beschlossenen Besoldungsordnungen die rechtliche Wirkung von Gesetzen zu. Sie sind für den Beamten, für die Behörde und für die Gerichte bindend. Dasselbe gilt für die Besoldungsordnungen der Reichsbank und der Reichsbahn, die von diesen auf Grund der Vollmachten der Reparationsgesetze erlassen sind. Das Reichsbesoldungsgesetz, mit dem wir es im folgenden in der Hauptsache zu tun haben, gliedert sich in einen Textteil, der die Besoldungsansprüche ihrer Art nach regelt, und in die sogenannte „Besoldungsordnung", die für die einzelnen Besoldungsgruppen die Höhe der Gehälter festsetzt und die Zuweisung der verschiedenen Beamtenklassen in die einzelnen Besoldungsgruppen vornimmt. Die Anwendung der Bestimmungen des Gesetzes regeln die Ausführungsbestimmungen zum Besoldungsgesetz, kurz „Besoldungsvorschriften" genannt. Neben diesem, um das Besoldungsgesetz sich gruppierenden Komplex von Rechtsnormen besteht ferner eine Reihe von Rechtsverordnungen, durch die hauptsächlich die unter IV C und D behandelten Fragen geregelt werden. Die Quellen werden, soweit erforderlich, an den einschlägigen Stellen nachgewiesen.

II. Die rechtliche Regelung des Beamtenverhältnisses

1. Anstellung, Entlassung; kündbare und unkündbare Anstellung

Das Beamtenverhältnis in dem in der Einleitung gekennzeichneten und abgegrenzten Sinne ist in Deutschland ein öffentlich-rechtliches Verhältnis und unterscheidet sich hierdurch von dem privatrechtlichen Dienstverhältnis des Angestellten oder Arbeiters, also auch des Angestellten bzw. Arbeiters im öffentlichen Dienst. Allen Staatsbürgern ohne Unterschied steht nach Maßgabe der Gesetze und entsprechend ihrer Befähigung und ihren Leistungen der Zugang zu den öffentlichen Ämtern offen (Art. 128 RV.); niemand kann andererseits gegen seinen Willen gezwungen werden, Beamter zu werden. Die hiernach erforderliche Einwilligung oder Bereitwilligkeit, Beamter zu werden, vorausgesetzt, wird das Beamtenverhältnis durch einen einseitigen Hoheitsakt des Staates begründet[1]. Der Einzustellende wird in das Beamtenverhältnis „berufen", die Beamteneigen-

---

[1] Wir folgen hier der herrschenden Meinung von Wissenschaft und Rechtsprechung, ohne uns mit abweichenden Auffassungen, wie sie unter anderen auch der Verfasser vertritt, auseinanderzusetzen.

schaft wird ihm „verliehen". Diese durch Berufung vollzogene Begründung des Beamtenverhältnisses ist noch nicht gleichbedeutend mit der Übertragung eines Amtes, d. h. eines bestimmt abgegrenzten Kreises von Geschäften im öffentlichen Dienst, auch nicht mit der Übertragung einer im Besoldungsetat des Reichs oder des Staates aufgeführten Stelle. Vollzieht sich zwar die Ausstattung des in das Beamtenverhältnis Berufenen mit einem Amte in der Regel gleichzeitig oder anschließend an die Berufung, so stellt sie doch einen zweiten selbständigen Rechtsakt dar, der auch getrennt für sich und später vollzogen werden kann. Die Verleihung einer Stelle des Besoldungsetats an den Beamten dagegen folgt in der Regel erst viel später (siehe Abschnitt IV, A 2). Die Anstellung als Beamter nun geschieht im Grundsatz auf Lebenszeit (Art. 129 RV.). Jedoch geht in der überwiegenden Mehrzahl aller Fälle der lebenslänglichen Anstellung die Anstellung auf Kündigung, auf Probe oder auf Widerruf voraus. Der Kündigungs- usw. -vorbehalt ist daher in der Anstellungs- oder Beförderungsurkunde, die der Beamte erhält, in der Regel ausdrücklich enthalten. Eine gesetzliche Regelung über die Dauer des Kündigungsverhältnisses und seine Überleitung in das lebenslängliche Beamtenverhältnis besteht nicht. Das Reichskabinett hat lediglich im Jahre 1920 einen Beschluß zur Ausführung jener Verfassungsvorschrift gefaßt, der Richtlinien über die Handhabung der lebenslänglichen Anstellung aufstellt. Hiernach ist eine mindestens fünfjährige Beamteneigenschaft und die Erreichung des 32. Lebensjahres neben der planmäßigen Anstellung (siehe IV, A 2) Voraussetzung für die lebenslängliche Anstellung. Hiernach kann für einen planmäßigen Beamten die lebenslängliche Anstellung durch bloßen Zeitablauf eintreten, ohne daß es einer besonderen Verleihung der Unkündbarkeit bedürfte. Doch erhält der Beamte in der Regel eine besondere Benachrichtigung über die Aufhebung des kündbaren Verhältnisses und seine Umwandlung in ein lebenslängliches. Während der Dauer des uneingeschränkten Kündigungsverhältnisses kann der Beamte jederzeit entlassen werden. Für Schwerkriegsbeschädigte bedarf es der Zustimmung der Hauptfürsorgestelle. Gesetzliche Kündigungsfristen bestehen nicht; doch wird nach einem Kabinettsbeschluß in der Regel eine Frist von einem Vierteljahr eingehalten. Umgekehrt kann auch der Beamte selbst, natürlich unter Verlust aller etwaigen Ansprüche, sein Dienstverhältnis jederzeit und ohne an eine Frist gebunden zu sein, kündigen. Gegebenenfalls macht sich der Beamte durch Nichteinhaltung der üblichen Fristen schadenersatzpflichtig. Der lebenslänglich angestellte Beamte kann nur wegen eines Dienstvergehens im Disziplinarwege nach vorausgegangenem förmlichen Dienststrafverfahren entlassen werden. Dieses Recht gehört zu den wohlerworbenen,

durch die Reichsverfassung besonders geschützten Beamtenrechten, und
kann daher auch durch ein einfaches Gesetz nicht aufgehoben, sondern
nur im Wege eines einer qualifizierten Mehrheit bedürfenden verfassungs-
umgehenden Gesetzes geändert werden.

Das Verhältnis der Kündigungsbeamten zu den lebenslänglich angestellten Beamten wird sich ungefähr wie 1 zu 3 verhalten. Die Zahl
der kündbar angestellten Beamten beträgt hiernach ungefähr 300000.
An dieser Zahl sind die Kommunalbeamten und nächst ihnen die Reichs-
bahnbeamten besonders stark beteiligt.

2. Versetzung in den Wartestand; Regelung des Wartegeldes

Die planmäßigen Reichsbeamten können, wenn das von ihnen verwaltete Amt infolge einer organisatorischen Änderung der Behörden-
verwaltung wegfällt, in den einstweiligen Ruhestand versetzt werden. Diese
„Wartestandsbeamte" sind also Beamte ohne Amt. Zur Versetzung in
den Wartestand genügt nicht etwa die einfache Einsparung einer gewissen
Zahl von Stellen, die wegfallen sollen, sondern es muß sich um eine
echte Reorganisation der Verwaltung handeln, der zufolge das von dem
betreffenden Beamten verwaltete Amt nicht nur individuell, sondern seiner
Art nach in Wegfall kommt. Das verfassungsmäßig geschützte Recht,
nur unter dieser Voraussetzung in den Wartestand versetzt zu werden,
kann jedoch, wie alle wohlerworbenen Beamtenrechte, durch verfassung-
umgehendes Gesetz geändert, d. h. umgangen werden. Auf diesem Wege
ist seinerzeit in Deutschland der sogenannte Beamtenabbau zur Durchführung gekommen.

Der in den Wartestand versetzte Beamte erhält „Wartegeld". Dieses
wird berechnet in Prozentsätzen des zuletzt von ihm bezogenen Gehaltes.
Es beginnt nach vollendeter 10jähriger Dienstzeit mit 50% und steigt
für jedes weitere Jahr um je 2% auf höchstens 80% bei vollendeter
25jähriger Dienstzeit. Hat der Wartestandsbeamte das 65. Lebensjahr
vollendet, so beträgt das Wartegeld höchstens 75% des aktiven Diensteinkommens.

Die oben dargelegten Voraussetzungen für die Versetzung in den
einstweiligen Ruhestand sind nicht erforderlich bei einem gesetzlich bestimmt umschriebenen Kreis von Beamten, die politische Ämter bekleiden.
Diese Beamten können vielmehr jederzeit in den Wartestand versetzt
werden. Es handelt sich hierbei um einen kleinen Kreis von höheren
Beamten.

3. Versetzung in den Ruhestand; Regelung der Pension

Bei Eintritt nachweislich dauernder Dienstunfähigkeit oder nach Vollendung des 65. Lebensjahres haben die Beamten einen Rechtsanspruch

auf Ruhegehalt (Pension). Die Versetzung in den dauernden Ruhestand (Pensionierung) geschieht entweder auf Antrag des Beamten oder, beim Vorliegen der Voraussetzungen, zwangsweise. In diesem Falle sind dem Beamten gewisse Rechtsmittel gegen die Behörde gegeben, um die Rechtmäßigkeit der Pensionierung nachprüfen lassen zu können. Das Recht auf den Bezug von Pension beginnt nach zehnjähriger Dienstzeit. Die Hinterbliebenen eines Pensionsberechtigten besitzen Anspruch auf Hinterbliebenenversorgung.

Die Pension bemißt sich in Prozentteilen des zuletzt von dem Beamten bezogenen „ruhegehaltsfähigen" Diensteinkommens. Sie beginnt nach vollendeter 10jähriger Dienstzeit mit 35%, steigt bis zum vollendeten 25. Dienstjahre um je 2% jährlich, von da ab bis zum vollendeten 40. Dienstjahre um je 1% jährlich auf höchstens 80%. Vom 65. Lebensjahre an beträgt jedoch die Pension höchstens 75%. Zu der auf diese Weise aus dem Grundgehalt errechneten Pension tritt der entsprechende Prozentsatz des Wohnungsgeldzuschusses der Ortsklasse B (siehe IV, B 3) sowie evtl. Kinderzuschlag (siehe IV, B 4) und Frauenzuschlag (siehe IV, B 5). Einem ohne Pension ausgeschiedenen Beamten (disziplinarisch entlassene Beamte oder mit weniger als zehn Dienstjahren ausgeschiedene Beamte oder außerplanmäßige Beamte) kann eine Pension im Gnadenwege bewilligt werden. Für die ohne Pensionsanspruch ausscheidenden Beamten, die wegen ihrer Anwartschaft auf Versorgung aus dem Beamtenverhältnis von der Beitragsleistung zur Sozialversicherung (Angestelltenversicherung, gegebenenfalls Invalidenversicherung) befreit waren, hat die Anstellungsbehörde die Beiträge (ohne Beteiligungspflicht des Beamten) für die ganze Dauer der zurückgelegten Dienstzeit nachzuentrichten.

III. Die Entwicklung der Besoldungsgesetzgebung bis 1927

1. Vorkriegszeit

Die Entwicklung der Beamtenbesoldung in der Zeit vor dem Kriege zeigt wenig Veränderungen. Die in der Zeit von der Reichsgründung bis zum Kriegsausbruch vorgenommenen Besoldungsverbesserungen sind wenig zahlreich. Im Jahre 1873 wurde zunächst der Wohnungsgeldzuschuß für die Reichsbeamten durch Gesetz geregelt. Hierbei hielt man sich in der Hauptsache an die in Preußen geltenden Bestimmungen und Sätze. Die eigentliche Besoldung, das Grundgehalt, der planmäßigen Beamten wurde durch den Etat festgesetzt. Die Diäten der außerplanmäßigen Beamten regelte der Reichskanzler durch Verordnung. Die alle

Jahre wiederkehrende Beschlußfassung über die Gehälter und ihre Höhe
bei der Verabschiedung des Etats hatte naturgemäß zur Folge, daß in
den Zeiten, in denen tatsächlich oder nach Auffassung der Beamten sich
ein Mißverhältnis zwischen der Höhe ihrer Bezüge und den veränderten,
d. h. gestiegenen Lebenshaltungskosten herausgestellt hatte, versucht
wurde, durch Petitionen an das Parlament auf eine Verbesserung der Besoldung hinzuwirken. Diese Bestrebungen waren auch ein wesentlicher
Faktor bei der Bildung der ersten organisatorischen Zusammenschlüsse
der Beamtenschaft. Die Regelung, wie sie bis zum Jahre 1909 bestand,
bot, gemessen an den heutigen gesetzlichen Bestimmungen, eine sehr
geringe Rechtssicherheit in bezug auf das Besoldungswesen. Die Fest-
setzungen des Etats bezogen sich nur auf die Bestimmung der Anfangs-
und Endgehälter. Die Aufrückungsbeträge in den einzelnen Gruppen
wurden von der Verwaltung bestimmt. Ebenso waren die Vorschriften
über die Berechnung des Besoldungsdienstalters und vieles andere mehr
der Verwaltungsverordnung überlassen. Immerhin zeigt gegenüber diesen
Verhältnissen, wie sie für die Reichsbesoldung bestanden, die Entwicklung
in einzelnen Ländern gewisse Fortschritte. Im Jahre 1909, als das erste
Reichsbesoldungsgesetz geschaffen wurde, bestanden gesetzliche Regelungen der Beamtenbesoldung bereits in folgenden Ländern: Baden,
Hessen, Sachsen-Weimar, Oldenburg, Braunschweig, Sachsen-Koburg-
Gotha, Anhalt, Schwarzburg-Rudolstadt, Schwarzburg-Sondershausen,
Schaumburg-Lippe, Lippe, Lübeck und Hamburg.

Die erste wesentliche Aufbesserung erfuhren die Bezüge der Reichsbeamten im Jahre 1897. Für die gesamte Reichsverwaltung einschließlich
Post, Reichsbahn und Heer wurden damals Zulagen im Gesamtbetrage
von 9,25 Mill. Mk. eingeführt. Die nächste wesentliche Änderung war
die Erhöhung des Wohnungsgeldzuschusses der Tarifklasse VI für
die unteren Beamten und die Leutnants um 50%. Der Aufwand hierfür betrug 7,8 Mill. Mk. jährlich. Im übrigen blieb die Beamtenbesoldung während der ganzen Zeit des großen, nur durch vorübergehende Stagnationsperioden unterbrochenen wirtschaftlichen Aufstiegs
stabil. Die Höhe der Bezüge geriet dadurch immer mehr in Mißverhältnis
zu den übrigen Verhältnissen. In den Jahren 1897 bis 1908 hat z. B. das
Einkommen pro Kopf der Bevölkerung in Deutschland um 31% zu-
genommen. Die Lebenshaltungskosten waren um etwa 20% gestiegen.
Auch die Arbeiterlöhne hatten sich ungefähr um 30% erhöht. Schon im
Jahre 1907 trat daher im Reichstag die Forderung auf Neuregelung der
Beamtenbesoldung zutage. Man begnügte sich jedoch zunächst mit der
Gewährung einer einmaligen Zulage, die für die unteren Beamten auf
100 Mk., für die mittleren Beamten mit einem Grundgehalt bis zu

höchstens 4200 Mk. auf 150 Mk. festgesetzt wurde. Hierfür war ein Aufwand von über 23 Mill. Mk. erforderlich. Die in Aussicht genommene Gesetzesvorlage über eine Besoldungsreform blieb jedoch zunächst aus. Im Frühjahr 1908 entschloß man sich, die Reform gleichzeitig mit der Finanzreform, die damals bevorstand, durchzuführen. Aus diesem Grunde wurde den Beamten für das Etatsjahr 1908 zunächst nochmals dieselbe einmalige Zulage bewilligt mit der Maßgabe jedoch, daß die Reform mit rückwirkender Kraft ab 1. April 1908 durchgeführt und die vorläufig für dieses Etatsjahr gewährten Zulagen auf die durch die Reform bewirkten Erhöhungen angerechnet werden sollten. Die Gesetzesvorlage ging auch dem Reichstag im Herbst 1908 zu; das Gesetz wurde im Juli 1909 verabschiedet. Die neuen Bezüge traten ab 1. April 1908 in Kraft. Nach amtlichen Angaben bewegten sich die Erhöhungen bei den unteren Beamten in einem Betrage von durchschnittlich 200 Mk. jährlich, bei den mittleren Beamten zwischen 200 und 500 Mk. und bei den höheren Beamten zwischen 600 und 1000 Mk. Die Gesamtkosten der Neuregelung für die Reichsverwaltung, die Reichspost sowie die Reichseisenbahnverwaltung und das Heer betrugen 117 Mill. Mk. Das Wichtigste an der Neuregelung war der Umstand, daß zum ersten Male nicht nur die Grundgehälter in ihren Anfangs- und Endbeträgen, sondern auch die Aufrückungsstufen und Fristen zugleich mit dem Wohnungsgeld gesetzlich geregelt wurden. Ferner wurden die hauptsächlichsten Vorschriften über das Besoldungsdienstalter, über die Anrechnung der Diätardienstzeit, über die Aufrückung in den Dienstaltersstufen, über die Anrechnung der Militärdienstzeit im Gesetz selbst geregelt. Hierbei ist interessant, festzustellen, daß in der Regierungsvorlage ursprünglich solche Bestimmungen nicht vorgesehen waren. Sie gelangten vielmehr erst auf Beschluß des Reichstages in das Gesetz. Eine weitere Neuerung bestand darin, daß die Stellen- und Funktionszulagen nicht mehr wie bisher von der Verwaltung festgesetzt und aus den im Etat enthaltenen Fonds bestritten werden durften, sondern daß diese Zulagen von nun an ihrer Höhe nach im Etat bewilligt werden mußten. Gelegentlich der Beratung dieser letzten Frage wurde dem Reichstag von der Regierung Material unterbreitet, aus dem hervorging, daß bisher 2200 verschiedenartige Zulagen gezahlt wurden. Der Aufwand hierfür betrug 28 Mill. Mk. Die Regelung der Diätarvergütungen durch Verordnung des Reichskanzlers wurde beibehalten. Die Regelung selbst sah 6 Gruppen für die Diätare der höheren, 20 Gruppen für die der mittleren, 8 Gruppen für die Kanzleilaufbahn und 14 Gruppen für die Laufbahn der unteren Beamten vor. Der Wohnungsgeldzuschuß wurde ebenfalls neu geregelt. Bis 1909 wurde die Einteilung in die Tarifklassen durch den Reichstag vorgenommen.

Im neuen Besoldungsgesetz wurden nunmehr die einzelnen Besoldungsgruppen unmittelbar den verschiedenen Tarifklassen des Wohnungsgeldzuschusses zugewiesen. Die Grundlage für die Neubemessung des
Wohnungsgeldzuschusses sowie für die neue Ortsklasseneinteilung bildete
eine eingehende Erhebung über die tatsächlichen, am 1. Januar 1907 von
den Beamten gezahlten Mieten. Auf Grund dieser Erhebungen wurden für
die einzelnen Orte durchschnittliche Einheitszimmerpreise ermittelt, die
die Grundlage für die Einteilung in die Ortsklassen gaben. Der Wohnungsgeldzuschuß war nach 6 Tarifklassen und innerhalb jeder Tarifklasse
nach 5 Ortsklassen abgestuft. Eine Unterscheidung zwischen ledigen und
verheirateten Beamten im Wohnungsgeldzuschuß zu machen, wurde abgelehnt. — Die Besoldungsreform 1909 bedeutete auf jeden Fall einen
großen Fortschritt im Besoldungswesen.

2. Kriegszeit

Als im Kriege infolge der allgemeinen Verhältnisse, insbesondere der
zunehmenden Knappheit der Lebensmittel und sonstigen Bedarfsgegen-
stände sowie der Geldentwertung, die Kosten der Lebenshaltung mehr und
mehr stiegen, trat sehr bald das Bedürfnis nach einer erneuten Anpassung
der Beamtenbezüge an diese Verhältnisse auf. Schon im Oktober 1915
wurden für die planmäßigen Beamten und die ständig beschäftigten
außerplanmäßigen Beamten mit einem Diensteinkommen bis zu 2100 Mk.
laufende Kriegsteuerungszulagen eingeführt. Beschränkten sich diese zunächst auf Beamte mit Kindern, so wurden schon von Januar 1916 an
auch für ledige Beamte wenigstens einmalige Zulagen gewährt. In der
Folgezeit blieb dieses System differenzierter einmaliger und laufender
Zulagen bestehen. Einen Überblick über die Höhe der Zulagen gibt
folgende Tabelle:

Besoldungs-gruppe*	I. Lediger Beamter Kriegsteuerungszulagen		II. Verheirateter Beamter mit 2 Kindern. Kriegsteuerungszu-lagen einschließl. Kinderzulagen	
	laufende im Jahr M	einmalige im Jahr M	laufende im Jahr M	einmalige im Jahr M
Vom 1. Januar bis 31. Dezember 1916				
III	—	40,—	126,—	160,—
VIII	—	40,—	—	160,—
XI	—	—	—	—
Vom 1. Januar bis 31. Dezember 1917				
III	240,—	150,—	634,—	240,—
VIII	150,—	150,—	683,—	240,—
XI	—	—	621,—	240,—

* III: Schaffner; VIII: Inspektor; XI: Regierungsrat.

Besoldungs-gruppe *	I. Lediger Beamter Kriegsteuerungszulagen		II. Verheirateter Beamter mit 2 Kindern. Kriegsteuerungszu-lagen einschließl. Kinderzulagen	
	laufende im Jahr M	einmalige im Jahr M	laufende im Jahr M	einmalige im Jahr M
Vom 1. Januar bis 31. Dezember 1918				
III	573,—	700,—	1236,—	600,—
VIII	516,—	876,—	1338,—	750,—
XI	504,—	1260,—	1332,—	1080,—
Vom 1. Januar bis 31. Dezember 1919				
III	1920,—	600,—	3600,—	1400,—
VIII	1872,—	600,—	3540,—	1400,—
XI	1824,—	600,—	3480,—	1400,—
Vom 1. Januar bis 31. März 1920				
III	720,—	—	1200,—	—
VIII	702,—	—	1178,—	—
XI	684,—	—	1155,—	—

* III: Schaffner; VIII: Inspektor; XI: Regierungsrat.

Diese Zulagen waren in der Hauptsache Kinderzulagen und erhöhten sich also mit steigender Kinderzahl gegenüber den in der Tabelle angegebenen Sätzen. Wie aus der Tabelle weiter hervorgeht, blieb das System der Kriegsteuerungszulagen sogar in noch erweiterter Form auch nach dem Kriege zunächst bestehen.

3. Nachkriegszeit bis 1927

Im Jahre 1919 jedoch entschloß man sich, an Stelle des immer unübersichtlicher werdenden Zulagesystems eine neue Besoldungsordnung zu setzen. Dies geschah durch das Besoldungsgesetz vom 30. April 1920, das mit Wirkung vom 1. April desselben Jahres in Kraft trat. Durch dieses Gesetz wurden die bisher bestehenden ungefähr 180 Gehaltsklassen der Reichsbesoldungsordnung von 1909 in 13 Besoldungsgruppen mit aufsteigenden und 7 Besoldungsgruppen mit Einzelgehältern zusammengefaßt. Die bisherige Kriegsteuerungszulage fiel weg. Sie wurde durch die neuen Grundgehälter abgegolten, die darüber hinaus eine nicht unwesentliche Erhöhung erfuhren. Gleichzeitig wurde der Wohnungsgeldzuschuß neu geregelt, d. h. er wurde durch den sogenannten Ortszuschlag ersetzt. Daneben wurde als neuer Besoldungsbestandteil zur künftigen Anpassung der Bezüge an die Veränderungen der allgemeinen Wirtschaftslage der Teuerungszuschlag eingeführt. Dieser wurde in Prozentsätzen des Grundgehalts und Ortszuschlags bemessen. Auch die sonstigen Besoldungsvorschriften, die Bestimmungen über das Be-

soldungsdienstalter, über die Anrechnung von Vordienstzeiten und vieles
andere mehr erfuhren eine wesentliche Verbesserung. Im allgemeinen
kann gesagt werden, daß die Besoldungsreform von 1920 der bisher
größte, im Besoldungswesen erzielte Fortschritt war. Im Anschluß an
dieses Reformwerk des Reichs schufen auch die Länder und Gemeinden
neue Besoldungsordnungen, die durch das sogenannte Besoldungssperrgesetz von 1922 den Reichsvorschriften genau angepaßt wurden.

Während der Inflationszeit wurden die Bezüge durch häufige Erhöhungen des Teuerungszuschlages der Geldentwertung angepaßt. Von
Zeit zu Zeit wandelte man die so entstandenen Bezüge aus Gründen der
Vereinfachung wieder in neue Grundbeträge an Grundgehalt und Ortszuschlag um und begann mit der Anpassung durch Teuerungszuschläge
von neuem. Nach der Stabilisierung der Währung wurden zunächst im
Dezember 1923 neue, in stabiler Währung bemessene Bezüge festgesetzt,
die allerdings äußerst gering waren. Sie erfuhren eine zweimalige Aufbesserung, und zwar am 1. April 1924 und am 1. Juni 1924. Zu den bei
der letzten Regelung festgesetzten Grundgehältern trat dann vom 15. November bzw. 1. Dezember 1924 ab ein Zuschlag, der bei den damaligen
Besoldungsgruppen I bis VI (d. h. bis zum Sekretär einschließlich) 12 1/2 %,
bei den übrigen, höher besoldeten Beamten 10 % betrug. Auf diesem
Stande blieben die Bezüge der Beamten bis zur Besoldungsreform vom
Herbst 1927.

4. Besoldungsreform von 1927

Die Besoldungsreform von 1927 bezweckte in erster Linie eine Anpassung der Beamtenbezüge an die seit 1924 erheblich gestiegene Teuerung. Gleichzeitig war sie mit einem völligen Umbau des gesamten Be-
soldungssystems verbunden. Das Wesentlichste über diese Neuerung ist
bei dem Abschnitt über das Grundgehalt ausgeführt. Da man auf Seiten
der Regierung damals davon ausging, daß die Verhältnisse in der Zukunft
sich stabil gestalten würden und infolgedessen die neue Regelung der
Besoldung auf lange Zeit hinaus Bestand haben könnte, wurde der
Teuerungszuschlag, der bisher den sogenannten „beweglichen Faktor"
in der Besoldung gebildet hatte, abgeschafft. Die Besoldungsreform des
Reichs fand ebenso wie die im Jahre 1920 ihre Übertragung auf die
Länder und Gemeinden. Jedoch wurde hierbei, abgesehen von der Ortsklasseneinteilung und der Bemessung des Wohnungsgeldzuschusses, nicht
mehr so schematisch wie früher die Besoldungsordnung des Reichs
kopiert. Die Gesamttendenz des neuen Besoldungsaufbaus ging nach
einer wesentlichen Annäherung an die Vorkriegsverhältnisse. Die Zahl
der Besoldungsgruppen wurde gegenüber 1920 bedeutend vermehrt. Die

damit verbundene weitgehende Differenzierung bedeutete eine Aufteilung bisher zusammengefaßter Beamtenkategorien. Die neuen Unterschiede in der Besoldung wurden noch durch die Wiedereinführung von Stellenzulagen vermehrt und vergrößert. Bei der Beamtenschaft, die in diesem Reformwerk den Verlust zahlreicher, von ihr als ·sozialer Fortschritt empfundener Errungenschaften des Jahres 1920 sah, erregte die Reform wenig Befriedigung. Auch in der Öffentlichkeit fand sie keine günstige Beurteilung, besonders wegen der Höhe der mit ihr verbundenen Kosten. In der Folgezeit zeigte sich auch, daß es richtiger gewesen wäre, der seit 1924 erhobenen Forderung des größten Teiles der Beamtenschaft Rechnung zu tragen und lediglich die bestehenden Gehälter durch entsprechende Erhöhung den gestiegenen Lebenshaltungskosten anzupassen. Das Aufsehen in der Öffentlichkeit wäre geringer und die Möglichkeit, sich dabei im Rahmen des finanziell Tragbaren zu halten, größer gewesen.

5. Entwicklung von 1928 bis 1931

Die erste Zeit nach dem Inkrafttreten des Besoldungsgesetzes von 1927 war zunächst mit der umfangreichen Arbeit seiner Durchführung ausgefüllt. Es wurden neue Besoldungsvorschriften erlassen, auf Grund deren die Beamten von der alten in die neue Besoldungsordnung überführt wurden. Noch stärker als im Gesetz selbst traten in diesen Ausführungsbestimmungen die neuen Tendenzen des Gesetzes zutage. Entsprechend den wiederholten nachdrücklichen Forderungen der Beamtenschaft beschäftigte sich auch der zuständige Ausschuß des Reichstags mehrfach mit diesen Vorschriften; von den von ihm gewünschten Änderungen und Verbesserungen wurde jedoch nur ein kleiner Teil von der Regierung durchgeführt. Bis in die ersten Monate des Jahres 1930 hinein war diese Aktion im Gange.

Mit der zunehmenden Verschlechterung der deutschen Wirtschaftslage und damit der Finanzen des Reichs und aller sonstigen öffentlichen Körperschaften mehrten sich auch in der Öffentlichkeit die schon früher laut gewordenen Stimmen der Kritik, die sich gegen das ganze Reformwerk von 1927 und insbesondere gegen die Höhe der Beamtenbezüge richtete. Schon im Zusammenhang mit den ersten, von der Reichsregierung durch die Notverordnung vom Sommer 1930 durchgeführten Sparmaßnahmen begann alsdann die Senkung der Beamtenbezüge. Sie betrug zunächst, und zwar vom September 1930 ab, 2 1/2 %, erhöhte sich ab 1. Februar 1931 auf 6 %, ab 1. Juli 1931 auf 10 % bis annähernd 13 % bzw. in den Ortsklassen B, C und D auf 11 % bis annähernd 14 % im Reiche. Hierzu traten im Laufe des Herbstes 1931 zusätzliche Sonderkürzungen in den Ländern und Gemeinden, die vielfach noch verbunden

waren mit einer auf Grund der Angleichungsvorschriften der Notverordnung verbundenen Verschlechterung in der Eingruppierung für
einzelne Beamte oder ganze Beamtenkategorien. Vom Jahre 1932 ab trat
zu den bisherigen Kürzungen eine neue Kürzung von 9%. Alle diese
Kürzungen werden nicht aus den tatsächlichen, um die bisherigen Kürzungen verminderten Gehältern berechnet, sondern aus den im Besoldungsgesetz selbst festgesetzten Bezügen. Sie gelten für sämtliche Beamte
des Reichs, der Länder und Gemeinden, der Reichsbahn und aller
sonstigen öffentlichen Körperschaften. Eine besondere zusätzliche Kürzung erfuhren außerdem durch die Verordnung vom 6. Oktober 1931 die
Bezüge der Diätare. Die Einzelheiten dieser Gehaltskürzungen sind in
dem Abschnitt VII besonders dargestellt.

IV. Das gegenwärtige Besoldungssystem

A. Allgemeine Fragen

1. Etatrechtliches

So wie die besoldungsrechtlichen Bestimmungen im Besoldungsgesetz,
die Höhe der Gehälter und die Einteilung der Besoldungsgruppen in der
Besoldungsordnung vom Parlament durch Gesetz festgesetzt werden, so
bestimmt auch der Reichstag durch Gesetz die Zahl der Beamten, die bei
jeder einzelnen Verwaltung aus den verschiedenen Besoldungsgruppen
besoldet werden. Im Haushaltsplan, der als Anlage zum jährlichen Haus-
haltsgesetz vom Reichstag beschlossen wird, ist unter den Personalausgaben, für jede Verwaltung besonders und nach Besoldungsgruppen
getrennt, die Gesamtsumme der Gehaltsausgaben für die bei der betreffenden Verwaltung aus dieser Gruppe besoldeten Beamten angegeben. Daneben ist die Zahl der in Frage kommenden Beamten vermerkt. Die Bewilligung dieser Summe durch das Parlament stellt eine Ermächtigung
dar für den Minister, die im Plan angegebene Zahl von Beamten bei der
betreffenden Verwaltung aus der angeführten Besoldungsgruppe zu besolden. Die auf diese Weise im Haushaltsplan aufgeführten „Stellen"
werden daher planmäßige oder Planstellen genannt. Die Bewilligung einer
bestimmten Zahl von solchen Planstellen und die Ermächtigung für den
Minister, eine entsprechende Zahl von Beamten der betreffenden Besoldungsgruppe zu besolden, begründet jedoch kein subjektives Recht
des einzelnen Beamten, weder auf eine solche Stelle noch auf das
entsprechende Gehalt; vielmehr müssen die Stellen erst den einzelnen
Beamten verliehen werden. Die Beleihung mit einer Planstelle nennt man
planmäßige Anstellung. In der Regel wird der Beamte erst planmäßig

angestellt, wenn er nach den hierfür geltenden Vorschriften auch zur lebenslänglichen Anstellung heransteht. Daher fällt meist die planmäßige Anstellung mit der Verleihung der Unkündbarkeit zusammen. Dies ist jedoch nicht unbedingt der Fall, weswegen man aus der Tatsache der Planmäßigkeit der Anstellung nicht ohne weiteres auf ihre Lebenslänglichkeit schließen kann.

2. Planmäßige und außerplanmäßige Beamte

Neben diesen im Haushaltsplan zahlenmäßig aufgeführten Beamtenstellen gibt es jedoch noch eine Anzahl von Dienstposten, die nicht im Haushaltsplan nach ihrer Zahl und Art spezifiziert aufgeführt sind, jedoch trotzdem von Beamten wahrgenommen werden. Diese Stellen heißen außerplanmäßige Stellen, die Beamten, die eine solche Stelle bekleiden, außerplanmäßige Beamte. Abgesehen von Sonderfällen beginnt der Beamte seine Laufbahn als solcher zuerst in der Eigenschaft eines außerplanmäßigen Beamten[2]. Die außerplanmäßigen Beamten erhalten nicht die Besoldung der planmäßigen Beamten, insbesondere also kein „Grundgehalt". Ihre Besoldung regelt sich vielmehr nach einer besonderen „Diätenordnung", die als Anlage zum Besoldungsgesetz ebenfalls Bestandteil des Gesetzes ist. Nach der Bezeichnung „Diäten" für die Besoldungssätze der außerplanmäßigen Beamten heißen diese „Diätare". Beide Bezeichnungen sind nur historisch erklärbar und können nicht wörtlich verstanden werden. Die Besoldungssätze für die Diätare sind vielmehr (ebenso wie die Grundgehälter für die planmäßigen Beamten in der Besoldungsordnung) in der Diätenordnung nach Jahresbeträgen aufgeführt und in monatlichen Teilbeträgen zahlbar. Das „Diätariat", d. h. die Einrichtung einer der planmäßigen Anstellung mit Bezahlung nach den Besoldungssätzen des Gesetzes vorausgehenden Zeit mit geringerer Bezahlung, hat eigentlich, besoldungsrechtlich gesehen, in der heutigen Zeit seine Berechtigung verloren und stellt nur noch eine der „tarifmäßigen" Bezahlung vorausgehende Zeit „untariflicher Entlohnung" dar. Der Diätar ist beamtenrechtlich ein vollwertiger Beamter und hinsichtlich seiner dienstlichen Verwendungsfähigkeit und tatsächlichen Verwendung dem planmäßigen Beamten gleich zu achten. Prüfungen, praktische Vor-

---

[2] Die ebenfalls vorkommende Bezeichnung „nichtplanmäßige Beamte" unterscheidet sich von dem Begriff der außerplanmäßigen Beamten dadurch, daß bei den außerplanmäßigen Beamten regelmäßig bereits ein festes Dienstverhältnis vorliegt, was bei den nichtplanmäßigen Beamten nicht der Fall ist. Gemeinsam ist beiden Begriffen also, daß der Beamte nicht planmäßig angestellt ist. „Überplanmäßig" beschäftigt sind diejenigen Beamten, die über die im Stellenplan vorgesehene Zahl von Beamten hinaus auf Grund einer vorherigen oder nachträglichen Bewilligung durch den Reichstag meist vorübergehend bei einer Behörde tätig sind.

bereitung, Ausbildungsdienst usw. fallen regelmäßig in die Zeit vor Beginn des Diätariats, so daß etwa ein Vergleich mit der Lehrzeit eines Angestellten oder Arbeiters nicht am Platze ist. Dem berechtigten Bedürfnis, der festen Bindung, wie sie die lebenslängliche Anstellung darstellt, eine Zeit der Bewährung vorhergehen zu lassen, wird durch die Einrichtung der kündbaren Anstellung Rechnung getragen, die mit dem Diätariat nichts zu tun hat. Wirtschaftlich und sozial gesehen muß also das Diätariat als eine überholte Einrichtung angesehen werden, der auch im Anstellungsverhältnis und in der Regelung der Bezahlung bei den Privatangestellten keine Parallele zur Seite steht.

3. Empfänger von Unterhaltszuschüssen

Diejenigen Personen, die sich zur praktischen Ausbildung für den Beamtenberuf einer bestimmten Laufbahn im Dienst der Verwaltung befinden, heißen Beamte im Vorbereitungsdienst oder Beamtenanwärter. Sie besitzen noch nicht die rechtliche Eigenschaft eines Beamten. Das Besoldungsgesetz findet auf sie keine Anwendung; soweit sie eine geringfügige Bezahlung erhalten, wird diese ohne Rechtsanspruch auf Antrag und nach Prüfung der Bedürfnisse freiwillig gewährt, wobei allerdings für die Anwärter der einzelnen Laufbahnen bestimmte Normen bestehen. Je nach der Laufbahn, auf die sich der Beamte vorbereitet, und je nach der Höhe des Gehalts, mit dem die Anfangsgruppe der betreffenden Laufbahn ausgestattet ist, sind auch diese „Unterhaltszuschüsse" höher oder geringer. Ebenso steigen die Sätze mit der Dauer der Vorbereitungszeit in geringem Umfange. In der Regel schließt sich an die Vorbereitungszeit die Prüfung an, deren Bestehen Voraussetzung für den Erwerb der Befähigung zum Beamtendienst ist.

Schematisch dargestellt gibt es folgende hauptsächlichsten Möglichkeiten für den Zugang zur Beamtenlaufbahn:

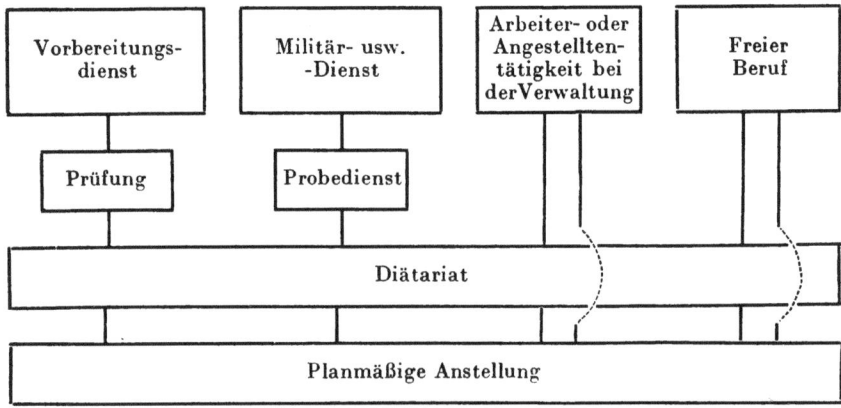

B. Die einzelnen Besoldungsbestandteile

1. Grundgehalt

Den wichtigsten Bestandteil der Beamtenbesoldung bildet das „Grundgehalt". Vielfach wird im Sprachgebrauch für Grundgehalt und Wohnungsgeldzuschuß zusammen die Bezeichnung „das Gehalt" oder „das
Diensteinkommen" verwendet. Das Grundgehalt nimmt auch seiner Höhe
nach den hauptsächlichsten Teil der gesamten Beamtenbezüge ein. Im
Grundgehalt und seiner Höhe drückt sich die Bewertung der einzelnen
Stellen und der mit ihr verbundenen Beamtentätigkeit aus. (Über die Frage,
ob die Bemessung des Grundgehalts auf der Bewertung der Leistung des
einzelnen Beamten beruht oder welcher theoretische Charakter sonst dem
Gehalt zukommt, vgl. unter VI, 3.) Die verschiedenartige Höhe der
Grundgehälter gibt die Möglichkeit zur Einteilung der Beamten in Besoldungsgruppen. Diese Besoldungsgruppen sind jedoch keinesfalls mit
einer Rangordnung gleichzusetzen. Eine Rangordnung, die in den Be-
amtengesetzen der Kaiserzeit vorgesehen war, ist selbst damals nie geschaffen worden und besteht jedenfalls gegenwärtig nicht. Die Einteilung
in Besoldungsgruppen soll lediglich die Möglichkeit geben, für die Bemessung der Beamtenbesoldung gleichartige und gleich zu bewertende
Beamte zusammenzufassen, verschiedenartige und ungleich zu bewertende
zu trennen.

Die Besoldungsordnung unterscheidet zwischen Besoldungsgruppen mit
aufsteigenden Gehältern und Besoldungsgruppen mit festen Grundgehältern, sogenannten „Einzelgehältern". Daneben gibt es noch, z. B.
in Preußen, Mindestgrundgehälter, die bei der Regelung der Besoldung
von Hochschulprofessoren zur Anwendung kommen und ihre Bedeutung
in dem verschiedenartigen Verhältnis zwischen fester Besoldung und
Anteil an den Honorarbezügen haben. Die Besoldungsgruppen mit aufsteigenden Gehältern sehen neben dem niedrigsten Betrag des Anfangsgrundgehalts eine gewisse Reihe von stufenweise sich erhöhenden Grundgehältern vor. Den höchsten Satz in jeder Gruppe bildet das Endgrundgehalt. Die einzelnen Stufen heißen Dienstalterstufen. Die Beamten
rücken in den Dienstalterstufen von zwei zu zwei Jahren (bis zur Besoldungsreform von 1920 von drei zu drei Jahren) auf. Der Unterschieds-
betrag zwischen den Gehältern zweier Dienstalterstufen heißt Dienstalterszulage. Auf die Gewährung der Dienstalterszulage haben die planmäßigen Beamten einen Rechtsanspruch. Dieser ruht jedoch, solange ein
förmliches Dienststrafverfahren oder wegen eines Verbrechens oder Ver-
gehens ein strafrechtliches Hauptverfahren oder eine Voruntersuchung
schwebt. Eine Dienstalterszulage erhält also, von dieser Ausnahme abgesehen, der Beamte zu Beginn des dritten Jahres, nachdem er in die

vorige Dienstaltersstufe eingerückt ist. Im Endgrundgehalt bleibt der
Beamte stehen bis zur Beendigung seiner Dienstzeit, falls er nicht vorher
durch Beförderung in eine höhere Gruppe aufgerückt ist. Die Gewährung
von Dienstalterszulagen soll den mit zunehmendem Lebensalter steigenden
Ansprüchen des Beamten Rechnung tragen. Aus diesem Grunde sind die
Besoldungsgruppen mit festen Grundgehältern auch nur für einige wenige
Stellen vorgesehen, die von den höchsten Beamten bekleidet werden und
diesen auch nur im Wege der Beförderung zugänglich sind, so daß all-
gemein die Beamten beim Eintritt in eine solche Stelle bereits ein höheres
Lebensalter erreicht haben.

Die Zahl der Dienstaltersstufen in den einzelnen Besoldungsgruppen
ist außerordentlich verschieden. Sie schwanken in der Reichsbesoldungsordnung zwischen 5 und 11. Die Zeit bis zur Erreichung des Endgrundgehalts beträgt also bei zweijährigem Verbleiben in einer Stufe, von den
Anfangsgrundgehältern an gerechnet, zwischen 8 und 20 Jahre. Im
Besoldungsgesetz von 1909 betrug die Aufrückungsfrist in der Mehrzahl
der Eingangsstellen zwischen 21 und 27 Jahre. Im Besoldungsgesetz
von 1920 war die Frist in sieben Gruppen 16 Jahre, in vier Gruppen
14 Jahre, in einer Gruppe 12 Jahre und in einer Gruppe 8 Jahre. Im
jetzigen Reichsbesoldungsgesetz kommen 20jährige Aufrückungsfristen
viermal, 18jährige viermal, 16jährige siebenmal, 12jährige viermal und
10jährige einmal vor. Die Tendenz dieser verschiedenartigen Bemessung
der Fristen bis zur Erreichung des Endgrundgehalts geht dahin, die
langen Fristen in den Hauptbesoldungsgruppen vorzusehen, die für die
Laufbahnen des unteren, des einfachen mittleren, des gehobenen mittleren
und des höheren Dienstes in Frage kommen. Beförderungsgruppen, ferner
Gruppen, in die Beamte mit längerer Vordienstzeit eingereiht sind, sowie
Spezialgruppen haben im allgemeinen kürzere Aufrückungsfristen.

In der Besoldungsordnung von 1920 standen die Anfangsgehälter zu
den Endgrundgehältern ungefähr im Verhältnis von 2 zu 3. In der jetzigen
Besoldungsordnung ist eine solche Regel nicht erkennbar. Außerdem
waren in der Besoldungsordnung von 1920 die Dienstalterszulagen in
den ersten Stufen größer als in den letzten Stufen, „um den Beamten
schon im jüngeren Alter die Erreichung einer auskömmlichen Besoldung
und damit die rechtzeitige Erreichung eines eigenen Hausstandes sowie
die Eheschließung zu erleichtern" (Begr.). In der jetzigen Besoldungsordnung ist die Gesamtdifferenz zwischen Anfangs- und Endgrundgehältern in möglichst gleichgroßen Teilbeträgen auf die Dienstaltersstufen verteilt. Offenbar hat man sich davon überzeugt, daß der an sich
geringfügige Unterschied in den Steigerungsbeträgen keinen solchen Anreiz, wie man ihn 1920 erhoffte, ausüben kann.

Was die Zahl der Besoldungsgruppen anlangt, so hatte die Besoldungsordnung von 1909 82 Gruppen mit aufsteigenden Gehältern, dazu
22 Gruppen mit Einzelgehältern und 10 Gruppen in der Besoldungsordnung II (Auswärtiger Dienst). Mit den Sonderbesoldungsordnungen
und den verschiedenen Untergruppen zusammen gab es damals 180 Gehaltsklassen. Das Besoldungsgesetz von 1920 kannte nur 13 Besoldungsgruppen mit aufsteigenden und 7 Gruppen mit Einzelgehältern, obwohl
gleichzeitig mit dem Inkrafttreten dieser neuen Besoldungsordnung die
große Zahl von Eisenbahn-, Zoll-, Finanz- und Postbeamten der Länder
in den Reichsdienst übernommen wurde. Auch die Länder schufen damals
anschließend an das Reich Besoldungsordnungen, in denen die Zahl der
Gruppen nicht größer war als in der Reichsbesoldungsordnung. Das Besoldungsgesetz von 1927 zeigt wieder eine erhebliche Vermehrung der
Gruppenzahl; in ihm finden sich 20 Gruppen mit aufsteigenden Gehältern
und 8 Gruppen mit Einzelgehältern für die Reichs- und Reichspost-
beamten, 8 Gruppen für die Beamten des Reichswasserschutzes und
22 Gruppen für die Besoldung der Reichswehr, zusammen also
58 Gruppen.
Die Zahl der verschiedenen Besoldungsgruppen ist selbstverständlich
nicht nur eine rein äußerliche Angelegenheit, über die willkürlich so oder
so entschieden werden könnte. Sie hängt vielmehr eng mit der Frage der
besoldungsmäßigen Bewertung der verschiedenen Beamtenkategorien zusammen. Bei der Vorbereitung der neuen Besoldungsordnung nach der
Staatsumwälzung war das Verlangen der Beamtenschaft nach einer Vereinheitlichung, die ihren Ausdruck in einer wesentlichen Verringerung
der früher bestehenden Zahl von Besoldungsgruppen finden sollte, allgemein sehr stark. Die Forderung maßgeblicher Beamtenverbände ging
damals auf eine Besoldungsordnung mit nur 10 Gruppen bei den aufsteigenden Gehältern. Von der Zusammenfassung großer Beamtenkategorien in wenigen Besoldungsgruppen erhoffte man sich nicht nur
eine Vereinheitlichung und größere Übersichtlichkeit des Besoldungswesens, sondern gleichzeitig eine finanzielle Besserstellung für große Teile
der Beamten. Es leuchtet auch ein, daß die mit einer großen Zahl von
Besoldungsgruppen verbundene feinere Differenzierung zwar einerseits
die Möglichkeit gibt, einigen wenigen Beamten etwas höhere Gehaltssätze
zu geben, als sie bei der Unterbringung in wenigen großen Gruppen viel-
leicht erreichen würden, daß andererseits aber die Zusammenfassung in
wenigen großen Gruppen für große Massen von Beamten den Vorteil
bietet, den sicheren Bestand dieser Gruppen zu wahren und, da es sich
um eine große Zahl von Beamten handelt, die eine kompakte Masse
bilden, leichter zu etwaigen Verbesserungen zu gelangen. Die Entwicklung

von den 180 Gruppen in der Vorkriegszeit auf 20 im Jahre 1920 und
dann wieder auf 58 bei der Besoldungsreform von 1927 bildet einen
deutlichen Gradmesser für das Maß des Einflusses, den sich die große
Masse der Beamtenschaft auf die Gestaltung der Besoldung jeweils zu
sichern wußte. Selbst die amtliche Begründung zum Besoldungsgesetz von
1920 spricht davon, daß die Herabsetzung der Zahl der Gruppen „dem
Zuge der Zeit nach sozialem Ausgleich" entspreche. Auf der anderen Seite
glaubte man mit den 20 Gruppen der damaligen Besoldungsordnung
„allen Anforderungen" genügen zu können. Maßgebend für die Bildung
von Besoldungsgruppen und für die Zusammenfassung bestimmter Beamtenkategorien in einer Gruppe war der Gesichtspunkt, Beamte „mit
gleicher Vorbildung und gleich zu bewertender Leistung" gleich hoch zu
besolden. Man ging dabei von dem Gedanken aus, daß die Anwendung
dieses Maßstabes in den Gehaltssätzen der einzelnen Besoldungsgruppen
voll zum Ausdruck kommen müsse und auch gekommen sei, so daß
höherwertige Leistungen schon durch ihre Unterbringung in einer entsprechend höheren Besoldungsgruppe abgegolten würden und daher für
besondere Zulagen an die Inhaber einzelner Stellen kein Raum mehr sei.
Sehr treffend wird in der Begründung ausgeführt: „Die Gewährung
solcher Zulagen an einzelne Beamtengruppen würde sogleich Forderungen
einer Reihe von anderen Beamtengruppen nach sich ziehen, und es be-
stände alsdann die Gefahr, daß bei Ablehnung dieser Forderungen allgemeine Unzufriedenheit in die Erscheinung träte, bei Bewilligung aber
auf einem Umweg die frühere Anzahl der Gehaltsklassen wiederkehren
würde und die Vereinfachung des Besoldungswesens durch die Zusammen-
legung dieser Klassen nur eine scheinbare wäre." In diesen Gedanken
spiegelt sich deutlich die Auffassung wider, die die Mehrheit der
Beamtenschaft auch heute noch über das System allzu weitgehender
Gruppendifferenzierung und die Gewährung von Stellenzulagen hat. Die
Beamtenschaft bevorzugt eine einfache, übersichtliche Einteilung in nicht
allzu zahlreiche Gruppen.

Die wichtigste Frage bei der Gruppeneinteilung ist die nach dem Maßstab, der für die Zuweisung der einzelnen Beamtenkategorien an bestimmte Gehaltsgruppen zur Anwendung kommt. Hierüber gibt es eine
unübersehbare Literatur in Beamtenfachzeitschriften und Broschüren.
Trotzdem ist bisher das Problem nicht restlos befriedigend gelöst worden.
Die Begründung von 1920 stellt als Maßstab die „geforderte Leistung"
auf. Für den Wert, den man der Leistung beizumessen habe, sei die Vorbildung von Bedeutung, die der Beamte erhalten habe, sowie die Aus- und
Fortbildung im Dienste. Hiermit ist das Problem zwar treffend um-
schrieben, aber nicht gelöst. Woran erkennt man den „Wert der

Leistung"? Wie will man nachweisen, ob der Wert der Leistung eines Lokomotivführers, von dessen Tätigkeit Menschenleben und große Sachwerte abhängen, größer ist oder kleiner als der Wert etwa der Leistung eines Kassenbeamten? Es sind letztes Endes doch immer wieder soziale, gesellschaftliche Wertungen, die bei der Beurteilung des Wertes der Leistung zum Durchbruch kommen. Dies zeigt sich deutlich bei dem Hinweis auf die Vorbildung, dessen Erwähnung gerade im Gesetz von 1920 sehr charakteristisch ist. Wie schwankend und wie stark der jeweils vorherrschenden allgemeinen Auffassung unterworfen derartige Maßstäbe sind, zeigt die Begründung zum Besoldungsgesetz von 1927, das in vieler Hinsicht mit den Prinzipien des Gesetzes von 1920 gebrochen hat. Dort ist ausgeführt, man habe im Jahre 1920 keineswegs für jede Beamtenkategorie passende Gehaltssätze gefunden, sondern man habe ein Schema von 13 Gruppen errichtet, und dann die vorhandenen Beamten in dieses Schema hineingepreßt. Auf diese Weise seien verschieden geartete Beamten zusammengebracht, zusammengehörende auseinandergerissen worden. Junge Beamte seien mit alten in eine Gruppe zusammengekommen; die Beförderungsmöglichkeiten seien bei den verschiedenen Verwaltungszweigen verschieden günstig gewesen und die Beamten seien „nicht klar genug nach ihrer Tätigkeit und ihrer Zugehörigkeit zu den einzelnen Verwaltungen und Behörden erfaßt" gewesen usw. Während man 1920 besonders rühmte, daß die Besoldungsordnung die Möglichkeit gebe für jeden Beamten, bei fachlicher Befähigung und erprobter Bewährung nach Maßgabe seiner dienstlichen Leistung ohne Rücksicht auf die Art seiner Vorbildung in höhere Stellen aufzusteigen, hat man 1927 gerade diesen Aufstieg, die Überführung einzelner Beamter oder ganzer Gruppen von Beamten in höhere Besoldungsgruppen, am Gesetz von 1920 und seiner Anwendung besonders stark kritisiert, und sie als Beweis für die Unhaltbarkeit des bisherigen Systems bezeichnet. Man sieht schon an diesem Beispiel deutlich, wie stark solche „Grundsätze für die Besoldungsbewertung" dem Wandel der gesellschaftlichen Auffassungen unterworfen sind, und es ist kennzeichnend, daß bei der Reform von 1927, an deren Ausarbeitung der Beamtenschaft und ihren Organisationen keine Beteiligung eingeräumt war, gerade solche Elemente des Besoldungsaufbaus von 1920 beseitigt wurden, deren Verwirklichung im Gesetz von 1920 hauptsächlich auf die Einwirkung der Beamtenverbände zurückzuführen ist und von diesen als Erfolg ihrer Bestrebungen angesehen wurde.

Diese starke Gebundenheit des jeweiligen Systems für die Gruppeneinteilung an das Spiel der gesellschaftlichen Kräfte und ihren Ausgleich zeigt auch die Betrachtung einer anderen, für die Gruppeneinteilung

wichtigen Frage. Es ist viel darüber geredet und gestritten worden, ob
man dem jungen Dienstanfänger einer höheren Laufbahn, der eben erst
beginnt, sich in den Verwaltungsdienst einzuleben, mit Rücksicht auf die
höhere Bewertung der von ihm eingeschlagenen Laufbahn schon von
Anfang an ein höheres Gehalt geben solle als dem alten, im Dienste er-
probten langjährigen Beamten in der Endstellung der darunter liegenden
Laufbahn, der in die höchste, ihm erreichbare Stufe aufgestiegen ist
und keine weitere Aufrückungsmöglichkeit mehr vor sich hat, dessen
Laufbahn aber im Gesetze geringer bewertet wird als die des ersten
Beamten. Die Mehrheit der Beamtenschaft trat von jeher mit Leidenschaft
dafür ein, daß die Gehaltssätze beider Gruppen ineinander übergehen
sollten, dergestalt, daß z. B. der mittlere Beamte am Ende seiner Laufbahn in der höchsten ihm innerhalb seiner Laufbahn erreichbaren Beförderungsstelle mindestens das gleiche Gehalt erreicht wie es der höhere
Beamte im Anfang seiner Laufbahn erhält. Dieser Grundsatz der
sogenannten „Verzahnung" fand im Gesetz von 1920 deutlich Ausdruck. Das Endgehalt beispielsweise der Schaffnergruppe, einer typischen
Gruppe der unteren Laufbahn, ragte weit hinein in die Gehaltssätze für
die Beamten des einfachen mittleren Dienstes und war höher als das
Anfangsgehalt des Sekretärs. Dessen Endgehalt wiederum überstieg die
Anfangsbezüge des Oberinspektors, also der obersten Beförderungsstelle
für den Beamten der gehobenen mittleren Laufbahn. Das Endgehalt des
Oberinspektors wiederum war noch um 100 Mk. höher als das Anfangsgehalt des Oberregierungsrats in der Gruppe XII, der zweiten Beförderungsgruppe der höheren Beamten. Und nicht nur auf diese Weise, allein
in den Gehaltssätzen, fand die Verzahnung Ausdruck; sondern es finden
sich auch Beamte des unteren und des mittleren Dienstes, sowie Beamte
des mittleren und des höheren Dienstes in einer Besoldungsgruppe ver-
einigt. Im Jahre 1927 dagegen erklärte man, daß es zwar richtig sei,
„daß die Beamten in den Spitzenstellungen einer Laufbahn die gleichen
Gehaltssätze erhalten sollen wie die Beamten in den Anfangsstellungen
der nächsthöheren Laufbahn", jedoch habe die Tatsache, daß sie „auch
äußerlich in gleiche Besoldungsgruppen aufgenommen" wurden, zu den
„größten Schwierigkeiten" geführt. So wurde im Jahre 1927 die Verzahnung, eine der bedeutungsvollsten Errungenschaften des Gesetzes von
1920, wieder abgeschafft. Man trennte „nichtzusammengehörende Beamte" und schuf so innerhalb der 20 Besoldungsgruppen mit aufsteigenden Gehältern 4 Hauptabteilungen von Gruppen. Die Gruppen 2 und 1
für die höheren Beamten, 4 und 3 für die gehobenen mittleren Beamten,
8 bis 5 für die Beamten des einfachen mittleren Dienstes und einige
Spezialgruppen, insbesondere technische und handwerksmäßige Beamte,

12 bis 9 für die Beamten des unteren Dienstes. Deutlich hat man so vier Laufbahnen gegeneinander abgehoben, Laufbahnen, die sich auch hinsichtlich der verlangten Vorbildung scharf abgrenzen: Akademiker, Beamte mit höherer Schulbildung, Beamte mit Volksschulbildung, die entweder als gelernte Handwerker und Fachleute zur Verwaltung kommen, oder Militäranwärter sind, und schließlich die einfachen Volksschüler ohne Spezialkenntnisse.

Es läßt sich nach dem Gesagten kein in der deutschen Besoldungsgesetzgebung eindeutig zutage tretender Gesichtspunkt für die Bewertung der einzelnen Beamtendienste in der Besoldung feststellen. Am stärksten tritt gegenwärtig das Moment der Vorbildung in Erscheinung. Bei seiner Anwendung wird offenkundig so argumentiert, daß die für eine Stelle verlangte höhere Vorbildung in der besonderen Verantwortlichkeit dieser Stelle und der mit ihr verbundenen höheren Leistung begründet sei und daher für ihre Inhaber auch eine höhere Besoldung rechtfertige. Der Gesichtspunkt der Vorbildung kommt also mehr auf indirektem Wege zum Ausdruck, findet aber in der Praxis weitestgehende Anwendung. Dies wird durch die tatsächliche Gruppeneinteilung bewiesen. Die Beamtenschaft selbst fordert von jeher, daß ausschlaggebend die verlangte Leistung sein müsse und daß weiterhin die Verantwortlichkeit einer Stelle und die Abnutzung im Dienste, sei es der körperlichen, sei es der geistigen und der Nervenkräfte, zu berücksichtigen seien.

Neben der Frage der Bildung verschiedener Gruppen überhaupt spielt ihr gegenseitiges Verhältnis, die vergleichsweise Höhe ihrer Bezüge und der Abstand, in dem sie voneinander stehen, eine große Rolle beim Aufbau der Besoldungsordnung. Dieser Abstand, „Spannung" genannt, gilt in den Augen der großen Masse der Beamten als ein Maßstab für den mehr oder weniger stark ausgeprägten sozialen Charakter einer Besoldungsordnung, dergestalt, daß eine geringe Spannung zwischen oben und unten als Zeichen eines in der Besoldungsordnung zum Ausdruck kommenden weitgehenden sozialen Verständnisses gewertet wird. In der Besoldungsordnung von 1909 hatten die Vortragenden Räte (heute Ministerialräte) im Anfangsgehalt das 6,7fache, im Endgehalt das 8,6fache des niedrigsten Besoldungssatzes der untersten Gruppe. In der Besoldungsordnung von 1920 verringerten sich diese Spannungen auf das rund 4fache. Diese Annäherung geschah weniger durch einen Sturz der höheren Gruppen als durch eine verhältnismäßig stärkere Hebung der unteren. Auch die amtliche Begründung kennzeichnet diese Verringerung der Spannungen als „sozialen Ausgleich". Schon damals jedoch wurden Bedenken gegen eine zu weitgehende Verringerung der Spannungen geltend gemacht, wobei hauptsächlich auf die Notwendigkeit hingewiesen wurde, daß im

Interesse des Staatsdienstes höhere Leistungen auch höher entlohnt werden
müßten, um genügend gut befähigte Kräfte zu gewinnen und zu erhalten.
In der Folgezeit ruhte der Streit über diese Frage eigentlich niemals. Er
flammte bei jeder auch nur interimistischen Besoldungsneuregelung auf.
Und nachdem die im Herbst 1923 bei der Stabilisierung der deutschen
Währung geschaffenen unzureichenden Gehälter erstmals im Sommer
1924 eine Aufbesserung erfuhren, wurde eine neue Gehaltsskala festgesetzt, die gegenüber der früheren bei den höchsten Gehältern eine
Aufbesserung um 71% bedeutete, wogegen bei den untersten Gruppen
nur 17% Zulage zu verzeichnen waren. In der gegenwärtig gültigen Besoldungsordnung stehen die niedrigsten und die höchsten Grundgehälter
bei den Besoldungsgruppen mit aufsteigenden Gehältern im Anfangsgehalt im Verhältnis von 1 zu 5,6, im Endgehalt von 1 zu 6. Eine Übersicht über die sonstigen Spannungen ist der Gehaltstabelle im Anhang
zu entnehmen.

Was nun die absolute Höhe der Gehaltssätze selbst anlangt, so sind sie
jeweils in freier Würdigung aller hierfür in Betracht kommenden Umstände, insbesondere der Finanzlage der öffentlichen Körperschaften
einerseits und der allgemeinen Wirtschaftslage andererseits, gefunden
worden. Im Jahre 1909 lehnte man sich weitgehend an die preußischen
Gehaltssätze an. 1920 wurden als Grundsätze für die Bemessung der
Gehälter die Berücksichtigung der Art und Verantwortlichkeit des Amts,
der Vorbildung und Ausbildung des Beamten, des Einkommens, das An-
gehörige freier Berufe für gleichartige Tätigkeit beziehen, sowie der
allgemeinen wirtschaftlichen Lage und Lebenshaltung der Volksgesamt-
heit aufgestellt. Daneben suchte man damals der Geldentwertung, die
man als „Teuerung" bezeichnete, durch einen veränderlichen Teuerungszuschlag Rechnung zu tragen. Charakteristisch für die Beurteilung der
Höhe der Beamtenbezüge sind folgende Sätze aus der amtlichen Begründung von 1927: „Schon in der Vorkriegszeit reichten die Gehälter
bei den Beamten der unteren Gruppen nur knapp für den Lebensunterhalt aus und auch die mittleren und höheren Beamten konnten, wenn sie
nicht Vermögen besaßen, nur bei sparsamer Wirtschaft auskommen.
Heute sind die Bezüge in allen Gruppen so knapp geworden, daß sie nur
bei allerbescheidenster Lebensführung ein Auskommen gestatten, aber
ohne jede Möglichkeit, ausreichende Rücklagen für außerordentliche und
unvorhergesehene Bedürfnisse zu machen, und unter weitgehendem Verzicht auf die Befriedigung kultureller Bedürfnisse. Werden besondere
Ausgaben irgendwelcher Art nötig, sei es bei der Geburt eines Kindes,
bei Krankheiten oder Todesfällen, sei es auch nur infolge dringender Er-
neuerungsbedürftigkeit von Gebrauchsgegenständen, die in den langen

Kriegs- und Nachkriegsjahren unbrauchbar geworden sind, so steht dem der Beamte hilflos gegenüber und muß Gehaltsvorschüsse, Notstandsbeihilfen und Unterstützungen in Anspruch nehmen, da er infolge der Inflation nicht mehr auf Sparbeträge oder gar eigenes Vermögen zurückgreifen kann. Aber trotz aller dieser Notbehelfe, die nur vorübergehend wirken können, ist die Beamtenschaft in immer tiefere Verschuldung geraten." „Das notwendige Vertrauensverhältnis", so heißt es weiter in der Begründung, „zwischen Beamten und Staat erfordert, die Beamten so zu stellen, daß sie, wenn auch auf bescheidener Grundlage, so doch einigermaßen zufrieden leben und ihre Kinder weiterbilden können."

Großer Wert wird amtlich darauf gelegt, daß man sich bei der Bemessung der Beamtenbesoldung nicht „von lohnwirtschaftlichen Gesichtspunkten" leiten lassen dürfe. Trotzdem sind Vergleiche mit der Lage der Arbeiterlöhne, besonders der in den Staatsbetrieben, von den Verwaltungen sowohl bei Besoldungserhöhungen wie insbesondere bei Gehaltskürzungen stets in stärkstem Maße gemacht worden. Während der Inflationszeit wurde sogar mehrere Jahre hindurch die Anpassung der Bezüge an die Geldentwertung sowohl für die Staatsarbeiter wie für die Beamten auf der Grundlage zweier angenommen vergleichbarer „Stichmänner", eines Beamten der unteren Gruppen und eines Arbeiters, vorgenommen.

Man wird aus den wiedergegebenen amtlichen Darlegungen keine besonders deutlichen Anhaltspunkte für die Bemessung der Gehaltsbezüge gewinnen. Dies gilt auch, wenn man sich die Einzelausführungen für die verschiedenen Gruppen vor Augen führt. In der Begründung von 1927 wird dargelegt, daß für alle Beamten der sozialpolitische Gesichtspunkt der Erhaltung sicherer Lebensstellung und der Erreichung des Gefühls der Zufriedenheit im Vordergrunde stehe. Die Beamten müßten ihrer sozialen Stellung entsprechend an den Errungenschaften der Kultur einen „angemessenen Anteil" haben; die Besoldung müsse sie anreizen, bei sparsamer Lebensführung sich, wenn auch bescheidene Mittel für die Erhaltung ihrer Familie zurückzulegen. Wenn man bedenkt, daß die Erhöhung der Beamtengehälter immer zeitlich hinter dem Ansteigen der Teuerung stark nachhinkte, während umgekehrt Gehaltskürzungen kommenden oder auch nur angekündigten Preissenkungen vorangingen, so erhellt der nur relative Wert solcher amtlichen Grundsätze. Von Interesse dürften dennoch die Ausführungen sein, mit denen die Begründung von 1927 die Besoldungserhöhung für die Gruppen der mittleren und höheren Beamten motivierte:

„Bei den Beamten des gehobenen mittleren Dienstes und des höheren Dienstes tritt nun zu dem Gesichtspunkt der Sicherung der Beamtenstellung und der Zufriedenheit in steigendem Maße der Gesichtspunkt hinzu, ihre Besoldung auch nach dem Prinzip der Leistung einzurichten. In der Hand dieser Beamtengruppen befinden sich in weitestem

Umfange diejenigen Aufgabenkreise des Staates, nach deren richtiger und zutreffender Erledigung die Leistung des Staates selbst beurteilt wird. Gerade in diesen Gruppen entscheidet der Grad der Erfahrung und Einsicht über die Interessen des Staates selbst. Daher fordert der Staat auch für die Anwärter dieser Gruppen eine erhöhte und lang andauernde Ausbildung und setzt bei ihnen die ständige Weiterarbeit an der Entfaltung ihres Könnens und ihrer Persönlichkeit voraus. Hier zeigt sich auch die Gefahr besonders stark, die besteht, wenn die Beamten nicht in der Lage sind, an den kulturellen Errungenschaften unserer Zeit teilzunehmen, die den aus gleichen Schichten hervorgegangenen, in der Wirtschaft tätigen Persönlichkeiten offen stehen. Hier wird es auch erforderlich, die Beamten nicht vom gesellschaftlichen Anschluß an solche Kreise auszuschließen. Nur wer sich selbst in solchen Kreisen bewegt, die für unsere Wirtschaft von ausschlaggebender Bedeutung sind, und in denen die Fragen des öffentlichen Lebens ihren starken Niederschlag finden, wird diesen Kreisen einerseits nicht mit Neid oder Mißgunst gegenüberstehen, andererseits sich aber auch nicht von ihnen blenden lassen und zur Kritik imstande sein. Nun kann es aber keinem Zweifel unterliegen, daß diese Beamtengruppen heute weit schlechter stehen, als sie im Frieden standen. Es soll ganz davon abgesehen werden, daß gerade diese Beamtengruppen im Frieden besonders stark Nutznießer der angesehenen Stellung des Beamtenstandes waren, und daß der Staat es verstand, sie durch Ehrungen aller Art stark an sich zu fesseln. Diese Imponderabilien müssen heute zurücktreten. Aber eine Betrachtung der rein materiellen Verhältnisse zeigt eine starke Benachteiligung dieser Kreise. Der Entwurf hält es für notwendig, aus den hier angeführten staatspolitischen Gründen auch hier eine fühlbare Aufbesserung eintreten zu lassen.

Wenn die zuvor vorgetragenen Gesichtspunkte aus staatspolitischen Gründen bei Aufstellung der Besoldungsordnung haben beachtet werden müssen, so ist es nur folgerichtig, wenn für Beamte in besonders qualifizierten Stellungen diesen Gesichtspunkten besonders Rechnung getragen wird. Gerade die Beamten in diesen Stellungen sind ja in stärkerem Umfange die Träger der für Staat und Volk maßgebendsten Entscheidungen. Für diese Stellungen bedarf es der Persönlichkeiten, die nicht nur in ihrer Ausbildung und ihrem Können hervorragen, sondern denen auch freier Blick und eine gewisse Unabhängigkeit sichergestellt ist. Sie sollen in ihren Entscheidungen oder bei ihren Ratschlägen, die sie den höchsten Organen des Staates zu geben haben, mit ihrer wachsenden Verantwortung und mit der bei ihnen naturgemäß vorhandenen größeren Gefährdung ihrer Stellung auch die Sicherheit in angemessenen Gehältern finden. Nur so wird es auch möglich sein, bei zunehmend aufblühender Wirtschaft zu verhindern, daß hochqualifizierte Persönlichkeiten dem Staatsdienst entzogen werden.“

Aus der tatsächlichen Entwicklung ergibt sich sonach, daß ein feststehender Maßstab für die Bemessung der Bezüge der Beamten nicht besteht. Maßgebend ist vielmehr in erster Linie die gesellschaftliche Bewertung der Beamtentätigkeit im ganzen sowie der einzelnen Beamtenkategorien im besonderen, ferner die Finanzlage des Staates und die gesamte wirtschaftliche Lage des Volkes. Je nachdem, ob die während einer Besoldungsneuregelung herrschenden allgemeinen Umstände, insbesondere auch die politischen Verhältnisse der Hervorhebung des einen oder anderen Gesichtspunkts, der zugunsten der einen oder anderen Auffassung oder der oder jener Beamtengruppe spricht, günstig sind, wird dann dieser Rahmen im einzelnen so oder so ausgefüllt. Bei der Bedeutung der Beamtenschaft im Staate und angesichts des Umstands, daß die Bemessung ihrer Besoldung, die sich als Akt der Gesetzgebung in voller Öffentlichkeit und unter sorgfältiger Erwägung aller Umstände vollzieht, immer von weittragender

Wirkung ist, kann man wohl sagen, daß bei der Festsetzung der Beamtenbezüge alle diese Faktoren in besonders genauer und eindringlicher Weise
zur Geltung gelangen. Deswegen wird die Höhe der Beamtenbezüge immer
ein ziemlich maßgeblicher Gradmesser dafür sein, welche Bewertung die
jeweils im Staate zur Geltung kommenden Kräfte diesen Faktoren zuteil werden lassen.

Um einen Anhaltspunkt für die derzeitige Gruppeneinteilung zu geben,
würde eine Aufzählung der in den einzelnen Besoldungsgruppen ein-
gereihten Beamten mit ihren Amtsbezeichnungen nicht zweckmäßig sein.
Sie ist einerseits sehr umfangreich und daher für Laien wenig übersicht-
lich, andererseits ist vielfach mit der bloßen Anführung einer Amtsbezeichnung allein die Stellung und die Tätigkeit des betreffenden Beamten nicht genügend klar gekennzeichnet. Es sei daher im folgenden
die Aufstellung über die Gruppeneinteilung wiedergegeben, die der
Referent für das Besoldungswesen im Reichsfinanzministerium in seinem
Kommentar zum Besoldungsgesetz veröffentlicht hat:

Bes.Gr. A 12: Beamte mit einfachen Dienstverrichtungen, z. B. Heizer,
    Wächter und Postboten;

Bes.Gr. A 11: untere Beamte ohne handwerksmäßige Vorbildung, z. B.
    Amtsgehilfen und Postschaffner;

Bes.G. A 10: untere Beamte mit handwerksmäßiger Vorbildung, z. B.
    Maschinisten und Drucker; außerdem Betriebsassistenten (d. h. Beamte
    mit einfacheren Verrichtungen des Assistentendienstes) und Ministerial-
    amtsgehilfen;

Bes.Gr. A 9: Kanzleiassistenten, herausgehobene Beamte mit handwerks-
    mäßiger Vorbildung, Geldzähler, Postkraftwagenführer;

Bes.Gr. A 8b: weibliche Assistenten und Betriebsassistenten im ein-
    facheren mittleren Dienst der Deutschen Reichspost;

Bes.Gr. 8a: Assistenten als Beamte des Büro- und Registraturdienstes
    (d. h. des einfacheren mittleren Dienstes) und des gleichzubewertenden
    technischen Dienstes und Betriebsdienstes, außerdem Beamte mit hand-
    werksmäßiger Vorbildung als Werkführer;

Bes.Gr. A 7: Sekretäre als Beamte in Beförderungsstellen des Büro- und
    Registraturdienstes und des gleichzubewertenden technischen Dienstes
    und Betriebsdienstes;

Bes.Gr. A 6: Beamte mit handwerksmäßiger Vorbildung in besonders
    gehobener Stellung (Werkmeister, Oberwerkmeister, Telegraphenbau-
    führer);

Bes.Gr. A 5c: Förster, Revierförster;

Bes.Gr. A 5b: Ministerialkanzleisekretäre, Kanzleivorsteher;

Bes.Gr. A 5a: Beamte mit handwerksmäßiger Vorbildung in besonders
gehobener Stellung (Telegraphenoberwerkmeister u. a.);

Bes.Gr. A 4d: frühere Sekretäre, die auf Grund der „Ergänzungs-
prüfung" zu Obersekretären ernannt worden sind;

Bes.Gr. 4c: Obersekretäre als Beamte des Sekretariatsdienstes (d. h. des
schwierigeren mittleren Dienstes) und des gleichzubewertenden technischen Dienstes und Betriebsdienstes;

Bes.Gr. A 4b: Oberinspektoren als Beamte des Sekretariatsdienstes und
des gleichzubewertenden technischen Dienstes und Betriebsdienstes auf
besonders wichtigen und durch Verantwortlichkeit herausgehobenen
Dienstposten;

Bes.Gr. A 4a: Obersekretäre und Oberinspektoren als Beamte des Sekretariatsdienstes und des gleichzubewertenden technischen Dienstes bei
einzelnen in der Besoldungsordnung namentlich aufgeführten Behörden,
bei denen eine Herausschälung der besonders wichtigen und durch
Verantwortlichkeit herausgehobenen Dienstposten nicht möglich oder
nicht tunlich ist;

Bes.Gr. A 3: Amtmänner als Beamte in Spitzenstellungen des schwierigeren mittleren Dienstes;

Bes.Gr. A 2d: Ministerialamtmänner als Beamte des Sekretariatsdienstes
in den Ministerien auf schwierigen Dienstposten, Zoll- und Steuerräte
als Amtsvorstände oder als Referenten bei den Landesfinanzämtern,
Postamtmänner als Amtsvorstände in Stellen von besonderer Bedeutung;

Bes.Gr. A 2c: Regierungsräte als Referenten (auch in den Ministerien)
sowie als Leiter von Lokalbehörden und Abteilungsleiter bei großen
Lokalbehörden, und zwar in Stellen, für die im allgemeinen hochschul-
mäßige Vorbildung erforderlich ist;

Bes.Gr. A 2b: Oberregierungsräte als Gruppenleiter oder Träger großer
und wichtiger Referate (auch als Referenten in den Ministerien) sowie
als Leiter von großen und wichtigen Lokalbehörden;

Bes.Gr. A 2a: Regierungsräte und Oberregierungsräte (Mitglieder) und
Gruppenleiter bei einzelnen in der Besoldungsordnung namentlich
aufgeführten Behörden;

Bes.Gr. A 1: Ministerialräte sowie Direktoren (oder Senatspräsidenten)
bei einzelnen in der Besoldungsordnung namentlich aufgeführten
Behörden.

2. Diäten

Die außerplanmäßigen Beamten, die in der Besoldungsgesetzgebung
mancher Länder auch „Anwärter", „Stellenanwärter" oder „nicht-
ständige Beamte" heißen, erhalten an Stelle des Grundgehalts Ver-

gütungen, die im Reichsbesoldungsgesetz Diäten genannt sind. Früher und auch noch nach dem Besoldungsgesetz von 1909 wurden die Bezüge der außerplanmäßigen Beamten durch den Reichskanzler bestimmt. Erst im Jahre 1920 wurde die Regelung der Diäten in das Gesetz selbst aufgenommen. Die Diäten waren bemessen nach Prozentsätzen des Anfangsgrundgehalts derjenigen Besoldungsgruppe, in der der Beamte beim regelmäßigen Verlauf seiner Dienstlaufbahn zuerst planmäßig angestellt wird. Die Diätensätze selbst sind nach Dienstaltersstufen gestaffelt wie die Grundgehälter, doch sind die Aufrückungsfristen bedeutend kürzer und betragen, abgesehen von einer Ausnahme für eine bestimmte Gruppe weiblicher Beamten bei der Reichspostverwaltung, fünf Jahre. Nach dem Gesetz von 1920 waren die Sätze 70%, 80%, 85%, 90% und 95% des entsprechenden Anfangsgrundgehalts. Die Aufrückung in den Dienstaltersstufen geschah in Abständen von einem Jahre. Diese Sätze wurden jedoch sehr bald als zu niedrig angesehen und im Laufe der Jahre mehrfach erhöht. Zuletzt betrugen sie in den ersten beiden Jahren 95%, im dritten Jahre 98% und im vierten und fünften Jahre 100%. Vom sechsten Jahre an erhielten die Diätare das Anfangsgrundgehalt ihrer Eingangsbesoldungsgruppe; außerdem stiegen sie nach zweijährigem Bezug des Anfangsgehalts, auch ohne planmäßig angestellt zu sein, in den Dienstaltersstufen wie die planmäßigen Beamten auf, mit dem Unterschiede, daß ihnen die entsprechenden Beträge nicht als Grundgehalt, sondern als Diäten gewährt wurden. Außerdem sah das Besoldungsgesetz von 1920 vor, daß die Diätare nach Vollendung einer diätarischen Dienstzeit von fünf Jahren (Versorgungsanwärter vier Jahre) planmäßig anzustellen sind. Diese Bestimmung ist jedoch formell nie in Kraft getreten. Bei der Besoldungsreform von 1927 wurde sie beseitigt und durch eine Vorschrift ersetzt, wonach die außerplanmäßige Dienstzeit fünf Jahre nicht übersteigen „soll". Ferner wurde 1927 die prozentuale Berechnung der Diäten beseitigt und durch eine Vergütungstabelle mit festen Sätzen ersetzt. Hiernach sind die Diäten sowohl nach Dienstaltersstufen wie nach Besoldungsgruppen gestaffelt. Jedoch schließt sich die Staffelung nach Besoldungsgruppen nicht mehr genau an die Gruppeneinteilung der planmäßigen Beamten an; vielmehr sind für die Bemessung der Diäten jeweils mehrere Besoldungsgruppen zusammengefaßt. Bei Vergleich der festen Sätze von 1927 mit den Prozentsätzen des früheren Besoldungsgesetzes ergibt sich, daß die neue Staffel in den ersten beiden Jahren durchschnittlich 83%, im dritten und vierten Jahre 89% und im fünften Jahre etwa 94% der Anfangsgrundgehälter ausmacht. Vom sechsten Jahre an erhalten die Diätare auch jetzt noch das Anfangsgrundgehalt ihrer Eingangsgruppe, jedoch rücken sie bis zu ihrer planmäßigen Anstellung

nicht mehr weiter in den Dienstaltersstufen ihrer Grundgehälter auf.
Ein gewisser Ausgleich hierfür ist dadurch gegeben, daß die ein
bestimmtes Maß übersteigende außerplanmäßige Dienstzeit später bei der
planmäßigen Anstellung auf das Besoldungsdienstalter (siehe IV E 2) angerechnet wird, wodurch unter Umständen der Zeitverlust in der Aufrückung nachgeholt werden kann.

Zum Unterschied von den planmäßigen Beamten haben die außerplanmäßigen Beamten keinen Rechtsanspruch auf die Dienstalterszulagen. Diese können ihnen vielmehr versagt werden, „wenn gegen das
dienstliche oder außerdienstliche Verhalten des Beamten eine erhebliche
Ausstellung vorliegt". Gegen die Versagung der Zulagen gibt es ein Be-
schwerderecht. Die Versagung wirkt höchstens für ein Jahr.

3. Wohnungsgeldzuschuß

Neben dem Grundgehalt oder den Diäten erhalten die planmäßigen
sowie die außerplanmäßigen Beamten einen weiteren Besoldungsbestandteil, der nach dem geltenden Besoldungsrecht „Wohnungsgeldzuschuß"
heißt. (Bis zum Jahre 1920 erhielten den Wohnungsgeldzuschuß nur die
planmäßigen Beamten.) Die Ursache dafür, daß sich eine solche Aufteilung des Diensteinkommens der Beamten in zwei Hauptbestandteile,
das Grundgehalt bzw. die Diäten einerseits und den Wohnungsgeldzuschuß andererseits, herausentwickelt hat, ist in dem Umstande zu
suchen, daß sich die Reichsbeamten nach dem Beamtenrecht jederzeit
die Versetzung in ein anderes gleichwertiges Amt an einem anderen Orte
gefallen lassen müssen. Da mit einer solchen Versetzung wegen der
teueren Lebensverhältnisse, insbesondere der höheren Mieten, die an
dem neuen Dienstort des Beamten unter Umständen bestehen, eine Verringerung der Kaufkraft seines Einkommens verbunden sein kann, suchte
man, um die materielle Gleichstellung in den verschiedenen Orten zu
erreichen, einen Ausgleich durch die verschieden hohe Bemessung eines
Besoldungsbestandteils, nämlich des Wohnungsgeldzuschusses, herbei-
zuführen. Während also das Grundgehalt für die Beamten einer Kategorie
an allen Orten gleich hoch ist, unterstellt man, daß durch die verschiedene
Bemessung des Wohnungsgeldzuschusses die tatsächliche Kaufkraft des
Diensteinkommens gleich hoch erhalten wird, so daß für den Beamten
mit der Versetzung keine geldlichen Nachteile verbunden sind. Es liegt
auf der Hand, daß dieser in der Grundidee gerechte Gedanke in der
praktischen Anwendung auf gewisse Schwierigkeiten stößt und Streitfragen aufwirft, die wohl niemals ganz befriedigend gelöst werden
können.

Die Hauptschwierigkeit liegt in der Beantwortung der Frage, wie groß

die örtlichen Kaufkraftunterschiede sind und an welchen Maßstäben sie
einigermaßen einwandfrei gemessen werden können. Ferner ist eine alte
Streitfrage die, ob dieser Besoldungsbestandteil sämtliche Unterschiede der
Lebenshaltungskosten oder nur die verschiedene Höhe der Mieten ausgleichen soll. Und schließlich gehen, soweit man die letzte Auffassung
zugrunde legt, die Meinungen noch auseinander darüber, ob das Wohnungsgeld eine volle Abgeltung der Mietkosten oder nur einen Zuschuß zu den
Mietaufwendungen der Beamten darstellen soll. Ohne an dieser Stelle in
eine Auseinandersetzung über diese verschiedenen Streitfragen einzutreten,
sei lediglich die tatsächliche Entwicklung kurz skizziert.

Vor dem Jahre 1909 war der Wohnungsgeldzuschuß der einzige gesetzlich geregelte Besoldungsbestandteil. Ihm lag neben den oben genannten Motiven ohne Zweifel noch der Gedanke zugrunde, einen gewissen
Ausgleich für den allgemeinen örtlich verschiedenen Aufwand der Beamten
zu bilden mit dem Ziele, die gesellschaftliche Stellung der Beamten entsprechend dem Lebenszuschnitt der verschiedenen Gesellschaftsklassen auf
einem bestimmten, für die einzelnen Beamtengruppen als richtig angenommenen Niveau zu erhalten. Ein besonderes Merkmal für diesen „ge-
sellschaftlich notwendigen" Aufwand stellte nach den herrschenden Auffassungen die Wohnungsgröße und damit die Höhe der Wohnungsmieten
dar. Das Besoldungsgesetz von 1920 ließ jedoch derartige Auffassungen
in den Hintergrund treten und bezeichnete als Zweck des von ihm „Ortszuschlag" genannten zweiten Besoldungsbestandteils, „den Beamten einen
Ausgleich für die örtlichen Verschiedenheiten der Lebensverhältnisse unter
Berücksichtigung namentlich des vollen Wohnungsbedürfnisses, aber auch
der Unterschiede in den übrigen Kosten der Lebenshaltung" zu gewähren.
Die Berücksichtigung des vollen Wohnungsaufwands entsprach den seit
langer Zeit von der Beamtenschaft erhobenen Forderungen. Nun waren
aber zu der Zeit, als das Gesetz von 1920 geschaffen wurde, unter der
Einwirkung der Kriegswirtschafts- und der Nachkriegsverhältnisse mit
ihrer Lebensmittelknappheit auch die Preise für den sonstigen Lebensunterhalt, insbesondere für Nahrungsmittel, örtlich sehr verschieden.
Schon für das Jahr 1907 war in einer vom Statistischen Reichsamt
durchgeführten Erhebung von Haushaltsrechnungen minderbemittelter
Familien festgestellt worden, daß der Aufwand für Nahrungsmittel und
für Miete mit der Größe der Orte absolut und im Verhältnis zu den Gesamtausgaben eines Haushalts steigt. Zudem hatten sich in der Kriegszeit
die Ausgaben für Nahrungsmittel bedeutend stärker erhöht als die für
Mieten. In Berücksichtigung dieser Umstände kam man 1920 dazu, an
Stelle des Wohnungsgeldzuschusses den Ortszuschlag einzuführen, der
alle Teuerungsunterschiede der einzelnen Orte erfassen und ausgleichen

sollte. Aus Zweckmäßigkeitsgründen wurde jedoch für die Bemessung
des Ortszuschlages die im Jahre 1909 geschaffene Ortsklasseneinteilung
beibehalten. Diese Einteilung beruhte auf Erhebungen der Jahre 1907
und 1908, und war im Jahre 1920 bereits vollkommen veraltet. Jedoch
fehlte es an einer neuen einwandfreien Grundlage für eine sachgemäße
Änderung der Ortsklasseneinteilung. Erst nach Inkrafttreten des Besoldungsgesetzes von 1920 wurde im Laufe des Jahres 1921 eine neue
Ortsklasseneinteilung geschaffen, bei der in langwierigen Verhandlungen
und Prüfungen der einzelnen Verhältnisse versucht wurde, den Gesichtspunkt einer Berücksichtigung der örtlichen Teuerungsunterschiede zur
Geltung zu bringen. Zunächst jedoch behalf man sich damit, daß man
den nach der bestehenden Ortsklasseneinteilung abgestuften Ortszuschlag
auf durchschnittlich das 2½fache des früheren Wohnungsgeldzuschusses
erhöhte. Diese Erhöhung ging über das Verhältnis der Geldentwertung
hinaus und versuchte auf diese Weise den Grundgedanken der Berücksichtigung des vollen Wohnungsbedürfnisses sowie der sonstigen Teue-
rungsverhältnisse zu verwirklichen. Während der Inflationszeit blieb
dieses System grundsätzlich bestehen. Der Ortszuschlag wurde jeweils
im selben Verhältnis wie die Grundgehälter durch prozentuale Teuerungszuschläge der Geldentwertung angepaßt. Ein vorübergehender, wohl
mehr durch finanzielle Rücksichten als durch sachliche Erwägungen be-
einflußter Versuch, den Teuerungszuschlag nach Ortsklassen abzustufen
und in den niedrigeren Ortsklassen geringer zu bemessen als in den
höheren, stieß auf stärksten Widerstand der Beamtenschaft und wurde
nach kurzer Zeit wieder fallengelassen. Nach der Stabilisierung der
Währung wurde zunächst der Ortszuschlag in Goldwährung neu festgesetzt, ohne daß am System selbst etwas geändert wurde.

Nachdem jedoch im Sommer 1924 die Grundgehälter erstmals neu
geregelt worden waren, wurde auf Grund des Ermächtigungsgesetzes
am 1. November 1924 auch der Ortszuschlag einer Neuregelung unterworfen. Er wurde gänzlich abgeschafft und durch einen Wohnungsgeldzuschuß ersetzt. Gleichzeitig wurde ein neues Ortsklassenverzeichnis aufgestellt und eingeführt. Beide Maßnahmen geschahen ohne Mitwirkung
der Beamtenschaft und gegen ihren ausdrücklichen Widerspruch. Die eingeführten Neuerungen hatten ihren Grund auch darin, daß mit dem bisherigen System nach Auffassung der Verwaltungen keine befriedigende
Regelung zu erzielen war. Man war zu der Ansicht gekommen, daß sich
„die Teuerungszulage eines Ortes nicht in einer bestimmten, zum Vergleich mit anderen Orten geeigneten Zahl ausdrücken lasse". In der Tat
hatten auch Meinungsverschiedenheiten zwischen Beamtenschaft und
Verwaltung darüber, ob die Teuerungszahl einer Gemeinde richtig fest-

gestellt sei oder ob ihre wirkliche Höhe nicht die Einreihung des betreffenden Ortes in eine höhere Ortsklasse rechtfertige, während der Geltungsdauer des früheren Systems zu sehr vielen Berufungen geführt. Deshalb kehrte man im Jahre 1924 wieder zu einem System zurück, das nur auf der Grundlage der Wohnungsmiete aufgebaut war. Es wurde eine umfangreiche Erhebung über die Friedensmiete der tatsächlich von den Beamten bewohnten Wohnungen durchgeführt. Auf Grund dieser Erhebung, bei der ca. 600000 Beamte befragt wurden, wurden nach einem bestimmten Verfahren für jede Erhebungsgemeinde Durchschnittsmietzahlen als Vergleichszahlen mit den anderen Orten errechnet. Diese Vergleichszahlen wurden sodann in Verhältnis gesetzt zu den gleichzeitig neu eingeführten tatsächlichen Beträgen des Wohnungsgeldzuschusses. Bei deren Festsetzung lehnte man sich in gewissem Umfange an die Höhe des Wohnungsgeldzuschusses in der Vorkriegszeit an. Es wurde also keine zwangsläufige Abhängigkeit zwischen tatsächlich gezahlten Mieten und Höhe des Wohnungsgeldes geschaffen, sondern die auf Grund der Mietshöhe sich ergebende Gruppierung wurde dazu verwandt, den aus sonstigen Gründen nach fünf Ortsklassen abgestuften und in seiner Höhe anderweitig festgesetzten Wohnungsgeldzuschuß auf die einzelnen Ortsklassen zu verteilen. Hierbei wurde so verfahren, daß zunächst fast sämtliche Großstädte der Ortsklasse A zugewiesen wurden. Aus der Mietzahl dieser Orte ergab sich dann die Abgrenzung gegen die nächstniedrigeren Orte bzw. die Ortsklasse B, sowie auch die Grenze zwischen den übrigen Ortsklassen, indem einfach systematisch stufenweise herabgegangen wurde. Durch diese Methode ist also zwar eine feste Grundlage für die Zuweisung der einzelnen Orte an eine bestimmte Ortsklasse gegeben, nicht erreicht ist jedoch ein durch die tatsächlichen Miet- usw. Verhältnisse begründeter Zusammenhang zwischen der Höhe des Wohnungsgeldzuschusses, den die einzelnen Beamten erhalten, und den wirklichen Unterschieden in den Aufwendungen für Mieten und sonstige örtlich verschiedene Lebensbedürfnisse. Die Folge davon ist, daß ebenso wie bis zur Einführung des Ortszuschlages im Jahre 1920 von den Beamten die Versetzung in einen Ort einer niedrigeren Ortsklasse als Maßnahme mit disziplinärem Beigeschmack aufgefaßt wird, weil die damit verbundene Einkommensminderung nicht ohne weiteres in den tatsächlichen Verhältnissen begründet erscheint. Von den Beamten in den Kleinstädten und Landorten, die allgemein in den niedrigeren Ortsklassen liegen, wird geltend gemacht, daß sie häufig infolge schlechterer Verkehrsverhältnisse, größerer Aufwendungen für Kindererziehung und -ausbildung, ungünstigerer Einkaufsmöglichkeiten usw. teurer lebten als die Beamten in den größeren Städten. Umgekehrt besteht jedoch auch die Auffassung, daß der Mehrbetrag des Wohnungsgeldzuschusses in den Großstädten kein ausreichender Ausgleich für die mit den Lebensverhältnissen in solchen Orten verbundenen Mehraufwendungen sei.

Der Wohnungsgeldzuschuß ist ebenso wie der frühere Ortsklassenzuschlag nicht nur abgestuft nach Ortsklassen, sondern auch nach der Höhe des Grundgehalts. Hierbei liegt die Auffassung zugrunde, daß der allgemeine Lebensaufwand, insbesondere der Mietaufwand, sich mit steigendem Einkommen erhöhe. Die Beamtenschaft in den unteren und mittleren Gruppen betrachtet von jeher diese Unterscheidung als ein Merkmal sozialer Klassenscheidung, gegen das sie sich mit Nachdruck wendet. Besonders wird stets, und zwar mit einem gewissen Recht, geltend gemacht, daß der Wohnungsaufwand hauptsächlich durch die Größe der Familie bedingt sei und infolgedessen bei einem Beamten einer unteren Gruppe mit zahlreicher Familie größer sei als etwa bei einem höheren Beamten, der kinderlos ist. Bis zu einem gewissen Grade ist diesen Auffassungen im Besoldungsgesetz von 1920 Rechnung getragen worden, indem damals die zweite Abstufung des Ortszuschlages (neben der Abstufung nach Ortsklassen) nicht wie früher nach Tarifklassen oder Besoldungsgruppen vorgenommen wurde, sondern nach Grenzen des Grundgehalts. Auf diese Weise wurde bei dem damals vorhandenen, weitgehenden Überschneiden der Grundgehälter erreicht, daß ältere Beamte in den niedrigeren Besoldungsgruppen denselben Ortszuschlag erhielten wie jüngere Beamte in den höheren Gruppen. Bei der Besoldungsreform von 1927 wurde auch die Abgrenzung des Wohnungsgeldzuschusses nach Gehaltsgrenzen beseitigt und an ihre Stelle wieder, wie vor dem Kriege, die Einteilung nach Besoldungsgruppen gesetzt. Hiermit sind die alten Tarifklassen wieder aufgelebt, die von den Beamten allgemein gleichzeitig als Klasseneinteilung der Beamtenschaft selbst empfunden werden. Der in der Höhe des Wohnungsgeldzuschusses sich ausdrückende „amtlich zugebilligte Wohnungsaufwand" ist beispielsweise in der höchsten Ortsklasse in der Tarifklasse I 15,9mal so hoch wie in der Ortsklasse D in der niedrigsten Tarifklasse.

Die Sätze des Wohnungsgeldzuschusses sind seit der Neuregelung von 1924 unverändert geblieben. Sie gelangten jedoch nicht stets in voller Höhe zur Auszahlung; vielmehr wurden die auszuzahlenden Prozentsätze des tarifmäßigen Betrages vom Reichsfinanzminister entsprechend der Steigerung der Zuschläge zu den Friedensmieten für die der Wohnungswirtschaft unterliegenden Altwohnungen mehrfach neu festgesetzt. Diese Prozentsätze des zur Auszahlung gelangenden Wohnungsgeldzuschusses betrugen:

Ab 1. November	1924	85 %
„ 1. April	1925	95 %
„ 1. April	1926	100 %
„ 1. April	1927	110 %
„ 1. Oktober	1927	120 %

Ohne Rücksicht auf die bis 1. Januar 1932 gleich gebliebene Höhe der Mieten, die zuletzt in allen Landesteilen nicht unerheblich über 120 % der Friedensmiete lagen, wurden mit den im Sommer 1930 einsetzenden Gehaltskürzungen auch die Wohnungsgeldzuschüsse in zunehmendem Maße der Kürzung unterworfen. Seit Juli 1931 ist dabei die Kürzung in den Ortsklassen B bis D um ungefähr 1 % höher als in den Orten der Sonderklasse und der Ortsklasse A. Bei dieser durch Verordnung ohne Mitwirkung des Gesetzgebers eingeführten Kürzung hat offenbar der Gedanke von den billigeren allgemeinen Lebensverhältnissen in den kleineren Orten eine Rolle gespielt. Damit hat man eigentlich die Grundlagen der im Jahre 1924 geschaffenen Ortsklasseneinteilung und die Festsetzung des Wohnungsgeldzuschusses, für die doch nur die genau ermittelte tatsächliche Miethöhe maßgebend sein sollte, offenbar wieder verlassen. Da die Kürzungen an den Gesamtbezügen vorgenommen werden und je nach der Höhe dieser Gesamtbezüge verschieden hoch sind, läßt sich die genaue Einwirkung der Gehaltskürzung auf den Wohnungsgeldzuschuß allein nicht feststellen. Ab 1. Januar 1932 wird jedoch (ohne die Kürzung des Kinderzuschlages) die Gehaltssenkung in jedem Falle über 20 % liegen, so daß der zur Auszahlung gelangende Teil des Wohnungsgeldzuschusses höchstens ca. 95 % der Tarifsätze beträgt bei einer Miethöhe von beispielsweise in Berlin 121,5 % der Friedensmiete (nach der Mietsenkung). Hierbei ist noch zu beachten, daß die Tarifsätze selbst keine volle Abgeltung der tatsächlichen Friedensmieten, sondern nur einen Zuschuß zu den Mietkosten darstellen. Unter diesen Umständen ist der Anteil des für Wohnungsmieten aufzuwendenden Gehaltsteils naturnotwendig mit jeder Gehaltskürzung nicht unerheblich gestiegen, wodurch die für die sonstigen Ausgaben zu verwendenden Gehaltsteile sowohl absolut wie relativ sinken mußten.

Die außerplanmäßigen Beamten erhalten den Wohnungsgeldzuschuß in der Höhe, die für ihre Eingangsbesoldungsgruppe maßgebend ist. Während der Geltung des Besoldungsgesetzes von 1920 erhielten sie entsprechend der Aufrückung in den Diätensätzen vom 8. Jahre an den vollen der Höhe ihrer Diäten entsprechenden Ortszuschlag. Jedoch bestand auf diese Steigerungen kein Rechtsanspruch. Die am 1. Oktober 1927 im Dienste gewesenen außerplanmäßigen Beamten erhalten, ebenso wie sie in den Diäten nach dem alten System weiter aufrücken, auch jetzt noch bei der Erreichung der betreffenden Dienstaltersstufe gegebenen-

falls auch das Wohnungsgeld einer höheren Tarifklasse in den Fällen,
in denen dies für planmäßige Beamte bestimmt ist.

Keinen Wohnungsgeldzuschuß erhalten verheiratete weibliche Beamte,
wenn der Ehemann Beamter oder Angestellter des Reichs, eines Landes,
einer Gemeinde oder einer sonstigen Körperschaft des öffentlichen Rechts
ist. Diese Beamtinnen können jedoch den Wohnungsgeldzuschuß bewilligt
erhalten, wenn sie wegen völliger Erwerbsunfähigkeit (nicht Erwerbs-
losigkeit) des Ehemannes allein für den Unterhalt der Familie zu sorgen
haben oder zur ehelichen Gemeinschaft nicht verpflichtet sind. Verwitwete und geschiedene weibliche Beamte erhalten den vollen Wohnungsgeldzuschuß. Sonst erhalten verheiratete weibliche Beamte den Wohnungsgeldzuschuß zur Hälfte. Keinen Wohnungsgeldzuschuß erhalten
ferner die ledigen Polizeibeamten beim Reichswasserschutz in den Besoldungsgruppen 5 bis 8, wenn ihnen kasernenmäßige Unterkunft gewährt wird. Ledige Beamte erhalten im übrigen bis zum vollendeten
45. Lebensjahre an Stelle des sich aus dem Tarif ergebenden Wohnungsgeldzuschusses den der nächstniedrigen Tarifklasse; dies gilt nicht für
Geistliche, die die Seelsorge ausüben.

Dagegen kann schwerkriegsbeschädigten ledigen Beamten der volle
Wohnungsgeldzuschuß bewilligt werden, wenn sie infolge ihrer Beschädigung eine Person ständig in ihren Hausstand aufnehmen müssen oder
wegen ihrer Beschädigung eine größere Wohnung nehmen müssen, als
sie ledige Beamte in der Regel innehaben.

4. Kinderzuschlag

Kinderzulagen bestanden in der Vorkriegsbesoldung nicht. Während des
Krieges, als mit dem beginnenden Währungsverfall an die Beamten Teue-
rungszulagen gewährt wurden, begann man auch zum Ausgleich für die
besonders bei kinderreichen Familien unzureichende Höhe der Bezüge
Kinderzulagen einzuführen. Nachdem diese einmal einen gewissen Umfang angenommen hatten, wäre ihr Abbau bei der Besoldungsgesetzgebung im Jahre 1920 mit Schwierigkeiten verbunden gewesen. Außerdem war damals auch eine gewisse allgemeine Stimmung für die
Gewährung solcher Zulagen vorhanden. In der Begründung zum Besoldungsgesetz wurde die Gewährung von Kinderzulagen als ein Ausfluß
der öffentlich-rechtlichen Fürsorgepflicht des Staates gegenüber der
Beamtenschaft bezeichnet. Ausdrücklich wurde hervorgehoben, daß das
System der Kinderzulagen kein „Verstoß gegen die Leistungstheorie" sei,
da beim Entgelt jeder Arbeit neben dem Wert der Arbeitsleistung für
den Arbeitgeber die Selbstkosten für den Arbeitnehmer, zu denen auch
die Unterhaltungskosten der Familie gehören, zu berücksichtigen seien.

Im übrigen seien die Kinderzuschläge nur ein Beitrag zu den „Kosten der Aufzucht". In der Beamtenschaft waren die Meinungen über die Kinderzuschläge geteilt. Während zuerst die Zahl der Gegner überwog, hat sich mit der Zeit eine mehr duldende Haltung der Beamtenschaft entwickelt, die jedenfalls auf der als unzureichend empfundenen Höhe der übrigen Besoldungsbestandteile beruht. Allgemein jedoch wenden sich die Beamtenorganisationen stets gegen eine allzu große Höhe der Kinderzulagen, von der sie eine Herabdrückung oder Niedrighaltung der Grundgehälter befürchten.

Ursprünglich wollte der Entwurf von 1920 die Kinderzulagen unter Einfügung von Mindest- und Höchstgrenzen prozentual aus dem Ortszuschlag berechnen. Jedoch wurde dieses System vom Reichstag abgelehnt und der Kinderzuschlag in festen Sätzen wie folgt festgesetzt:

Für Kinder bis zum　6. Lebensjahre　40 RM monatlich
„　　„　　„　„　14.　　„　　50 RM　　„
„　　„　　„　„　21.　　„　　60 RM　　„

In der Inflationszeit wurden diese Sätze jeweils mit den Gehältern selbst durch entsprechende Erhöhungen der Geldentwertung angepaßt. Ende 1923, nach der Stabilisierung der Währung, betrugen die Kinderzuschläge in den drei Lebensaltersstufen 11 RM, 12,50 RM und 14 RM. Sie wurden im Mai 1924 auf 16 RM, 18 RM und 20 RM, und im Dezember 1924 auf 18 RM, 20 RM und 22 RM erhöht. Auf diesem Satze blieben sie bis zur Besoldungsreform von 1927 bestehen. Ab 1. Oktober 1927 wurde der Kinderzuschlag in allen Altersstufen einheitlich auf 20 RM festgesetzt. Durch die Zweite Gehaltskürzungsverordnung vom 5. Juni 1931 wurde der Kinderzuschlag für das erste Kind auf 10 RM herabgesetzt, für das zweite Kind verblieb es bei 20 RM, für das dritte und vierte Kind trat eine Erhöhung auf 25 RM, für das fünfte und jedes weiteres Kind auf 30 RM ein. Die Kürzung des ersten Kinderzuschlages wirkte sich naturgemäß für die Beamten in den unteren Besoldungsgruppen besonders hart aus, weil bei ihnen, zumal angesichts der sonstigen Gehaltskürzungen, die Kinderzulage einen weitaus größeren Bestandteil des Gesamteinkommens ausmacht als bei den Beamten mit höheren Gehältern. Zum Beispiel betrug beim Inkrafttreten des Besoldungsgesetzes von 1920 ein Kinderzuschlag 8,7 % des Endgehalts der Schaffnergruppe, 6,5 % des Endgehalts der Obersekretärgruppe und 4,8 % des Endgehalts der Regierungsratsgruppe. Vor der Besoldungsreform von 1927 betrugen diese Sätze 15,4 %, 7,0 % und 4,0 %.

Über die Gewährung des Kinderzuschlages ist noch zu bemerken, daß er grundsätzlich an die Beamten aller Besoldungsgruppen in gleicher Höhe gezahlt wird und daß auch Wartestandsbeamte und Pensionäre den

Kinderzuschlag erhalten. Außer für die ehelichen Kinder wird der Kinderzuschlag auch für solche Kinder des Beamten gezahlt, die für ehelich
erklärt sind oder die an Kindesstatt angenommen sind. Ferner für Stiefkinder und für uneheliche Kinder, wenn die Vaterschaft des Beamten
festgestellt ist und der Beamte nachweislich für den vollen Unterhalt
des Kindes aufkommt. In der Altersstufe von 16 bis 21 Jahren wird der
Kinderzuschlag nur gewährt, wenn das Kind sich noch in der Schuloder Berufsausbildung befindet und kein eigenes Einkommen von mehr als
30 RM monatlich hat. Bis zu dieser Einkommensgrenze des Kindes wird
der Kinderzuschlag auch über 21 Jahre hinaus gewährt, wenn das Kind
wegen eines körperlichen oder geistigen Gebrechens dauernd erwerbsunfähig ist. Der Kinderzuschlag kann unter den sonstigen Voraussetzungen auch gewährt werden für Pflegekinder und Enkel, die der
Beamte in seinen Hausstand aufgenommen hat und für deren Unterhalt
oder Erziehung er keine Vergütung erhält. Verheiratete oder geschiedene
weibliche Beamte erhalten Kinderzuschläge nur, wenn der Ehemann bei
Berücksichtigung seiner sonstigen Verpflichtungen außerstande ist, ohne
Gefährdung des standesgemäßen Unterhalts der Familie diese zu unterhalten.

5. Frauenzuschlag

Die Gewährung eines besonderen Frauenzuschlages neben dem
sonstigen Einkommen und den Kinderzuschlägen war ursprünglich dem
deutschen Besoldungsrecht fremd. Erst im Jahre 1922 wurde der Frauenzuschlag eingeführt. Er betrug ab 1. April 1922 2500 Mk. jährlich
und wurde in der Folgezeit laufend der Geldentwertung angepaßt. Nach
der Stabilisierung waren die Beträge des Frauenzuschlages

```
ab 1. Dezember 1923 . . . . . . .  7 RM monatlich
 „  1. April     1924 . . . . . . .  8 RM      „
 „  1. Juni      1924 . . . . . . . 10 RM      „
 „  1. Dezember 1924 . . . . . . . 12 RM      „
```

Auf diesem Satze blieb der Frauenzuschlag bis zur Besoldungsreform von
1927 bestehen. Bei der Reform des Besoldungsgesetzes wurde der Frauenzuschlag in die Grundgehälter „eingebaut", d. h. er wurde abgeschafft.
Nur die vor dem 1. Oktober 1927 pensionierten Beamten erhalten den
Frauenzuschlag weiter, da auch ihre Pensionen, abgesehen von den Zuschlägen, die sie bei der Besoldungsreform erhielten, sich aus den Gehaltssätzen des Gesetzes von 1920 berechnen. Der Frauenzuschlag wurde in
der Zeit seines Bestehens gewährt für die unterhaltsberechtigten Ehefrauen der Beamten sowie an verwitwete Beamte, die im eigenen Hausstand für den vollen Unterhalt von Kindern aufkamen, für die Kinderzuschläge zu zahlen waren. Nach der Abschaffung des Frauenzuschlages

wurde die unterschiedliche Bemessung der Bezüge bei ledigen und kinderlos verheirateten Beamten, auf die man nicht verzichten zu können glaubte, durch die Herabstufung der ledigen Beamten im Wohnungsgeldzuschuß herbeigeführt.

Schon die kurze Dauer des Bestehens eines Frauenzuschlages zeigt, daß mit seiner Einführung keine guten Erfahrungen gemacht worden sind. Er ist von der Beamtenschaft im allgemeinen abgelehnt worden und hat wegen seiner geringfügigen Höhe auch bei 'den Empfängern der Zulage keine Befriedigung ausgelöst. Im übrigen steht die Beamtenschaft auf dem Standpunkt, daß eine unterschiedliche Besoldung der ledigen und der kinderlos verheirateten Beamten ungerechtfertigt ist.

6. Stellenzulagen

In der Besoldung der Vorkriegszeit bestanden neben der großen Zahl von Besoldungsgruppen noch vielfach besondere Stellenzulagen, die an Beamte in besonders verantwortungsreichen Stellen oder in Beförderungsstellen gewährt wurden. Bei der Schaffung des Besoldungsgesetzes von 1920 war man der Meinung, daß die zwanzig Gehaltsgruppen „allen Anforderungen genügen", und daß keine Beamtengruppe eine Besserstellung oder auch nur eine Sonderstellung für sich in Anspruch nehmen dürfe. Deswegen müßten Stellenzulagen oder ähnliche fortlaufende Vergütungen aus dem Hauptamte vermieden werden. Es war deshalb auch im Besoldungsgesetz bestimmt, daß Zulagen nur insoweit fortgezahlt oder bewilligt werden dürften, als dies durch den Reichshaushaltsplan ausdrücklich unter Bereitstellung von Mitteln zugelassen werde. Lediglich für gewisse Kategorien von Eisenbahnbeamten im Betriebsdienste waren ursprünglich Stellenzulagen von durchschnittlich 400 Mk. jährlich vorgesehen; diese wurden jedoch schon im Dezember 1920 mit rückwirkender Kraft wieder aufgehoben. Der Wegfall aller persönlichen und aller Stellenzulagen entsprach damals einem lebhaft geäußerten Wunsche der Beamtenschaft. Sie vertrat die Meinung, daß höher zu bewertende Stellen entsprechend höher in die Besoldungsgruppen einzureihen seien, daß aber im übrigen innerhalb gleichzubewertender Gruppen keine besondere Hervorhebung einzelner Beamter oder einzelner Stellen stattfinden dürfe.

Im Gegensatz hierzu gelangte die Besoldungsreform von 1927 wieder zur Einführung von Stellenzulagen, die damit begründet wurde, daß bei der vom neuen Gesetz vorgenommenen Zusammenfassung zusammengehörender Beamten in einer Besoldungsgruppe, die früher in zwei oder mehr Gruppen getrennt waren, solche Stellen innerhalb einer zusammengefaßten Gruppe, die sich durch schwierigere Leistungen und größere

Verantwortlichkeit aus der Allgemeinheit hervorheben, zweckmäßiger-
weise mit einer Zulage ausgestattet werden müßten. Man hat also zunächst
bisher getrennte Gruppen zusammengefaßt und dann, um die trotzdem
notwendige Unterscheidung in der Besoldung zu erreichen, die einheitliche
Besoldung wieder durch Zulagen differenziert. Welcher Gewinn für die
Beamten mit diesem Verfahren erzielt werden soll, ist nicht deutlich. Für
die Verwaltung allerdings ergibt sich der Vorteil, daß die Zahl der Zulagen jeweils fest begrenzt ist, und daß die Zulagen an ganz bestimmte
Stellen gebunden sind, so daß im Enderfolg die geldliche Verbesserung
einem geringeren Kreise von Beamten zugute kommt als beim Bestehen einer Beförderungsgruppe, in die schließlich jeder sachlich quali-
fizierte Beamte einrücken konnte. Die Einführung der Zulagen wirkt sich
also als Einschränkung des Aufstiegs und als Kostenersparnis aus. Der
von der Begründung angeführte Zweck der Zulagen, daß sie „ein An-
sporn zu besonderen Leistungen" sein sollen, hat sie in der Beamtenschaft
von jeher unbeliebt gemacht, weil man darin die Gefahr persönlicher
Begünstigung einzelner Beamten sah. In der Tat sind auch die Befürch-
tungen, die 1920 zur Abschaffung der Stellenzulagen führten, nach
ihrer Wiedereinführung sofort wieder aufgetreten. Da die Zahl der
Stellenzulagen durch den Haushaltsplan oder durch das Gesetz festgesetzt wird, werden naturgemäß alljährlich anläßlich der Etatberatungen
die Wünsche und Forderungen einzelner Beamten sowie ganzer Beamtengruppen hervorgerufen, die unter Berufung auf andere Beamten für
sich die Gewährung von Stellenzulagen erstreben.

Die gegenwärtige Besoldungsordnung kennt zwei Arten von Stellenzulagen: Unwiderrufliche und pensionsfähige, sowie widerrufliche und
nichtpensionsfähige Zulagen. Von der ersten Art sind im Gesetz
folgende Zulagen vorgesehen:

800 RM jährlich an Oberregierungsräte als Abteilungsvorsitzende und
    als Mitglieder der Beschwerdeabteilung beim Reichspatentamt, in
    der Besoldungsordnung A, Gr. 2a.

600 RM jährlich an Ministerialamtmänner beim Büro des Reichspräsi-
    denten und in der Reichskanzlei, sowie an Verwaltungsdirektoren in
    der Reichsschuldenverwaltung, in der Besoldungsordnung A, Gr. 2d.

600 RM jährlich an Oberzollräte und Obersteuerräte, in der Besoldungs-
    ordnung A, Gr. 2d.

*200 RM jährlich an Heeresverpflegungsamtsvorsteher, Heeresunter-
    kunftsamtsvorsteher, Heeresbekleidungsamtsvorsteher, Vorsteher der
    Remonteämter, Marineverpflegungsamtsvorsteher, Marineunter-
    kunftsamtsvorsteher, Magazinvorsteher bei den Werften, in der Be-
    soldungsordnung A, Gr. 4b.

400 RM an Ministerialkanzleisekretäre beim Büro des Reichspräsidenten, in der Reichskanzlei, in der Presseabteilung der Reichsregierung, in der Besoldungsordnung A, Gr. 5b.

300 RM jährlich an zwei Maschinenbetriebsleiter beim Reichskanalamt, in der Besoldungsordnung A, Gr. 6.

150 RM jährlich an Drucker beim Auswärtigen Amt, Reichsministerium des Innern, Reichsamt für Landesaufnahme, Reichsarbeitsministerium, Reichswehrministerium (Heer und Marine), bei der Deutschen Seewarte, beim Reichsfinanzministerium, bei den Landesfinanzämtern und deren nachgeordneten Behörden, Reichspostministerium; an Maschinisten beim Reichstag, bei der Reichsvermögensverwaltung für die besetzten rheinischen Gebiete, beim Reichswirtschaftsgericht, bei den Versorgungsdienststellen, beim Bildungswesen im Bereiche des Reichswehrministeriums, bei den Heeresverpflegungsämtern, beim Sanitätswesen (Heer und Marine), bei den Marineunterkunftsämtern, beim Küsten- und Vermessungswesen, beim Reichsgericht, bei der Seezeichenverwaltung, beim Reichskanalamt, beim Rechnungshof, bei den Landesfinanzämtern und deren nachgeordneten Behörden, bei der Reichsbauverwaltung, bei der Liegenschaftsverwaltung der ersten Besatzungszone, beim Reichspostministerium; an Bauaufseher bei der Marinebauverwaltung, bei den Werften, beim Festungsbauwesen und bei der Reichsbauverwaltung, in der Besoldungsordnung A, Gr. 11.

Diese Zulage erhalten diejenigen Drucker, Maschinisten und Bauaufseher für ihre Person, die in der alten Besoldungsordnung in der Besoldungsgruppe IV eingereiht waren.

300 RM jährlich an Oberbotenmeister beim Auswärtigen Amt, Ministerium des Innern, Reichswirtschaftsministerium, Reichsarbeitsministerium, Reichsjustizministerium, Reichswehrministerium (Heer und Marine), Reichsgericht, Reichspatentamt, Reichsministerium für Ernährung und Landwirtschaft, Reichsverkehrsministerium, Rechnungshof, Reichsschuldenverwaltung, Reichsfinanzministerium, Reichspostministerium; an Ministerialhausinspektoren bzw. Hausinspektoren beim Auswärtigen Amt, Ministerium des Innern, Reichswirtschaftsministerium, Reichsarbeitsministerium, Reichsjustizministerium, Reichswehrministerium (Heer und Marine), Reichsgericht, Reichspatentamt, Reichsministerium für Ernährung und Landwirtschaft, Reichsverkehrsministerium, Rechnungshof, Reichsfinanzministerium, Reichsfinanzhof, Reichspostministerium, in der Besoldungsordnung A, G. 10.

*150 RM jährlich an Botenmeister, denen mehr als 15 ständige Kräfte
im Botendienst unterstellt sind, in der Besoldungsordnung A,
Gr. 11a.

1000 RM jährlich an Senatspräsidenten beim Reichsgericht, in der Besoldungsordnung B, Gr. 6.

Die mit einem Stern versehenen Zulagen werden ihrer Zahl nach durch
den Reichshaushaltsplan bzw. durch den Voranschlag der Deutschen
Reichspost festgestellt; die Anzahl der übrigen Zulagen ist in einer Anlage zum Besoldungsgesetz selbst festgelegt.

Von nicht ruhegehaltsfähigen und widerruflichen Zulagen ist nur eine
vorgesehen, und zwar 200 RM jährlich für eine gewisse Anzahl von
Bezirksoberpostinspektoren der Besoldungsgruppe A 4b, die im Bezirks-
aufsichtsdienst beschäftigt sind. Die Zahl dieser Zulagen wird durch den
Voranschlag der Deutschen Reichspost festgestellt.

Man wird nicht sagen können, daß durch diese Zulagen, die sich nach
Meinung der Begründung „streng an die Erfordernisse des sachlichen
Bedürfnisses" halten, die Besoldungsordnung übersichtlicher und ein-
facher geworden wäre. Vorteile haben von ihnen immer nur wenige Beamte, während die große Masse der übrigen Beamten sich benachteiligt
fühlt und durch die Existenz der Zulagen auch ihrerseits zu Forderungen
auf Verbesserung ihrer Bezüge veranlaßt wird.

7. Leistungszulagen

Neben diesen, an einzelne bestimmte Stellen gebundenen Zulagen gibt es,
und zwar ausschließlich bei der Deutschen Reichsbahn, noch sogenannte
Leistungszulagen, die von der Verwaltung in gewissen Zeitabständen an
einzelne Beamte für besondere Leistungen vergeben werden. Derartige
Zulagen wurden erst eingeführt, nachdem durch die Reparationsgesetze
des Jahres 1924 die Deutsche Reichsbahn ein selbständiger Betrieb geworden war. Die Leistungszulagen haben in der Beamtenschaft starken
Widerstand gefunden.

Für die Bemessung und Verteilung der Zulagen an die Beamten des
unteren und mittleren Dienstes bestehen allgemeine Richtlinien. Die Verteilung an die höheren Beamten jedoch wird nach besonderen, bisher
nicht bekanntgegebenen Grundsätzen vorgenommen. Die Zulagen können
gewährt werden einmal als Anerkennung für besondere, aus dem allgemeinen Rahmen herausragende Leistungen, zum anderen Teil sind es
sogenannte Dienstpostenzulagen, die mit bestimmten Dienstposten von
besonderer Bedeutung verbunden sind. Die Zulagen dieser Art werden in
der Regel laufend gewährt und betragen vierteljährlich:

in den Gruppen 17 und 17a ⎫   30,— RM
„ „   „   16 bis 13 und 13a ⎪ der Reichsbahn- 45,— „
„ „   „   12 „ 9 „ 9a ⎬ besoldungsordnung 75,— „
„ „   „   8 „ 7 „ 7a ⎪   110,— „
„ „   „   6   ⎭   150,— „

Folgende Beamtenkategorien befinden sich in den obengenannten Gruppen:

Bes.Gr. 17: Bahnwärter;

Bes.Gr. 17a: Maschinenwärter, Bahnhofsgehilfe, Schrankenwärter,

Bes.Gr. 16: Botenmeister bei der RBD. oder dem Zentral.Amt, Amtsgehilfe;

Bes.Gr. 15: Rottenführer, Leitungsaufseher, Materialaufseher, Weichenwärter, Maschinist, Drucker, Zugschaffner, Triebwagenschaffner, Ladeschaffner, Bahnhofsschaffner, Rangierer, Schiffsheizer, Matrose;

Bes.Gr. 14: Reichsbahnbetriebsassistent bei der Betr.Verwtg., Wagenaufseher, Oberdrucker, Oberbotenmeister der H.V. und der Grupp.-Verw. Bayern, Amtsmeister der H.V., Hausinspektor der H.V., Hauptverwaltungsgehilfe;

Bes.Gr. 14a: Obermaschinist für Heiz- und Kraftwerke;

Bes.Gr. 13: Lokomotivheizer, Triebwagenführer, Funker, Kraftwagenführer;

Bes.Gr. 13a: Kanzleiassistent;

Bes.Gr. 12: Lademeister, Rangiermeister, Rottenmeister, Leitungsmeister, Stellwerksmeister, Materialmeister;

Bes.Gr. 11: Reichsbahnassistent (nichttechn. u. techn.) im Büro-, Registratur- und Kanzleidienst der H.V. und Grupp.Verw. Bayern, Reichsbahnassistent (techn. u. nichttechn.) bei der Betriebsverwaltung, Vermessungsassistent, Werkführer, Werkführer für Stellwerke, Werkführer für Druckerei, Telegraphenwerkführer, Wagenmeister, Reservelokführer, 3. Seemaschinist auf Hochseefährschiffen, 3. Seesteuermann auf Hochseefährschiffen, Schiffsführer, Schiffsmaschinist, Steuermann;

Bes.Gr. 10: Zugführer;

Bes.Gr. 9a: Bahnmeister, Oberwerkführer für Stellwerke, Oberwagenmeister, Oberzugführer, Zugrevisor, Oberlademeister, Oberrangiermeister, Oberrottenmeister, Oberleitungsmeister, Oberstellwerksmeister, Obermaterialmeister;

Bes.Gr. 9: Vermessungssekretär, Lokomotivführer, Werkmeister, Wagenmeister, Telegraphenwerkmeister, Werkmeister für Druckerei, Schiffskapitän, Schiffsobermaschinist;

Bes.Gr. 8: Kanzleisekretär der H.V., Kanzleivorsteher bei den RBD.en, 2. Seesteuermann auf Hochseefährschiffen, 2. Seemaschinist auf Hochseefährschiffen;

Bes.Gr. 7: Reichsbahnobersekretär (techn. u. nichttechn.) im Sekretariats-
und Registraturdienst der H.V. und der Grupp.Verw. Bayern, Reichsbahnobersekretär (techn. u. nichttechn.) bei der Betriebsverwaltung,
Vermessungsobersekretär, Kanzleivorsteher der H.V., 1. Seesteuermann
auf Hochseefährschiffen, 1. Seemaschinist auf Hochseefährschiffen;

Bes.Gr. 7a: Vermessungsobersekretär (techn. u. nichttechn.), Reichsbahnobersekretär, Reichsbahnsekretär, Oberlokomotivführer, Loko-
motivbetriebsrevisor, Betriebsoberwerkmeister;

Bes.Gr. 6: Oberlandmesser, Reichsbahnoberinspektor (techn. u. nichttechn.) im Sekretariats- oder Registraturdienst der H.V. und der
Grupp.Verw. Bayern, Reichsbahnoberinspektor (techn. u. nichttechn.)
bei der Betriebsverwaltung, Vermessungsoberinspektor.

Außerdem können einmalige Zulagen gewährt werden an Beamte, die die
Voraussetzungen für die Gewährung laufender Zulagen nicht voll er-
füllen, sich aber doch so auszeichnen, daß sie in größeren als vierteljährlichen Abständen Zulagen erhalten können. Die Zulagen sind widerruflich
und nicht pensionsfähig.

Inwieweit die Leistungen des Personals durch diese, viel Neid und Mißgunst erregenden Zulagen erhöht worden sind, ist nicht bekannt geworden.
Außerhalb der Reichsbahngesellschaft ist bei den übrigen Behörden und
öffentlichen Betrieben das System der Leistungszulagen unbekannt.

8. Ministerialzulagen

Eine besondere Stellung nehmen die sogenannten Ministerialzulagen ein.
Es ist eine alte Streitfrage im deutschen Besoldungswesen, ob die Beamten
der Zentralbehörden, d. h. also der Ministerien, in Rücksicht auf die verantwortungsvollere und zum Teil auch anstrengendere Tätigkeit schon bei
der Einreihung in die Besoldungsgruppen höher zu bewerten seien als
gleichartige Beamte bei den Provinzial- und Lokalbehörden. Bei der Besoldungsreform des Jahres 1920 wurden derartige Unterscheidungen,
soweit sie in der Besoldungsordnung von 1909 bestanden hatten, abgeschafft. Bemerkenswert sind die Ausführungen der Begründung:

„Zur Schaffung einer Austauschmöglichkeit von Beamten der Zentralbehörden und der
übrigen Behörden ist beabsichtigt, in den Zentralbehörden Stellen mit demselben Gehalt
einzurichten wie bei den Provinzialbehörden. Durch den Wechsel der Beamten soll
erreicht werden, daß die Beamten den Geschäftsumfang und Geschäftsverkehr in den
anderen Behörden sowie die Bedürfnisse der Bevölkerung in der Provinz näher kennen-
lernen und die gemachten Erfahrungen und dort erworbenen Kenntnisse bei späterer
Rückkehr mit Nutzen verwerten können. Zur Durchführung dieser Maßnahme, die der
Einheitlichkeit der ganzen Verwaltung zugute kommt und gleichzeitig im Interesse der
Kostenersparnis liegt, soll ein Teil der in den Zentralbehörden bisher vorhandenen
Stellen der Gruppen VI, IX, X und XIII (Ministerialkanzleisekretäre, Ministerial-
registratoren, Ministerialsekretäre und Ministerialräte) in solche der Besoldungs-

gruppen IV bis VII und X bis XII umgewandelt werden. Den in den neuen Stellen bei den Zentralbehörden angestellten oder vorübergehend beschäftigten Beamten wird als Ausgleich für die verantwortungsvollere und angestrengtere Arbeitstätigkeit gegenüber den Provinzialbehörden, die auch angenehmere Lebensbedingungen als Berlin bieten, während der Dauer dieser Tätigkeit eine Zulage gewährt werden müssen. Die mit eigentlichen Ministerialgehältern ausgestatteten ‚Nichtaustausch'-Beamten, z. B. die Ministerialräte und Ministerialsekretäre, wären von diesen Zulagen auszuschließen."

Gleichzeitig also mit der Beseitigung der besonderen Hervorhebung der Ministerialbeamten und ihrer Gleichstellung mit den Provinzialbeamten hielt man es für erforderlich, auf anderem Wege einen Anreiz für die Ministerialstellen zu schaffen. Durch den Reichshaushalt wurden Mittel für sogenannte Ministerialzulagen bereitgestellt. Anfänglich erhielten solche Zulagen nur Beamte, die nicht in sogenannten „eigentlichen Ministerialstellen" angestellt waren, sondern in Stellen, die auch bei den Provinzialbehörden in derselben Besoldungsgruppe eingereiht waren. Später jedoch wurden die Bestimmungen mehrfach geändert, mit dem Endergebnis, daß schließlich alle planmäßigen Beamten der Zentralbehörden sowie alle vorübergehend bei einer solchen Behörde beschäftigten planmäßigen und außerplanmäßigen Beamten die Zulage erhielten. Die Behörden, bei denen die Zulage gezahlt wird, sind folgende: Büro des Reichspräsidenten, Reichskanzlei, sämtliche Reichsministerien, Reichstag, Rechnungshof, Reichssparkommissar, Vorläufiger Reichswirtschaftsrat, Reichsgericht, Reichsfinanzhof. Beamte, die eine anderweitige Dienstaufwandsentschädigung erhalten, sind vom Empfang der Ministerialzulage ausgeschlossen. Die Gewährung der Zulage ist an die Vollendung des 28. Lebensjahres gebunden. Die Zulage ist in folgender Weise abgestuft:

Besoldungsgruppe	Stufe	Betrag (monatlich)
A 8 a, 8 b, 9, 10 (soweit nicht Stufe II zugeteilt), 11 und 12	I	20 RM
A 5 b (soweit nicht der Stufe III oder IV zugeteilt), 6, 7, aus 8 a, 8 b und 9 Beamte, die bis 30. November 1927 Grundgehalt nach Bes.Gr. V Bes.O. 20 bezogen haben, aus 10 Oberbotenmeister und Ministerialhausinspektoren	II	30 RM
A 5 b Ministerialkanzleisekretäre (soweit nicht in St. IV)	III	40 RM
A 4 a, 4 b, 4 c, 4 d, 5 a, aus 5 b die Ministerialkanzleisekretäre, die mit der regelmäßigen Stellvertretung des Kanzleivorstehers betraut sind .	IV	60 RM
	V	70 RM
A 2 a, 2 b, 2 c, 2 d (soweit nicht in Stufe VI), 3. .	VI	85 RM
A 2 a, 2 c und 2 d mit Referententätigkeit sowie A 2 b	VII	100 RM
A 1 und B 3 bis B 8		

9. Örtliche Sonderzuschläge

Während der Inflationszeit bestand ein enger Zusammenhang zwischen den Beamtenbezügen und den Löhnen der Reichsarbeiter. Insbesondere

4

war die Lohnlage bei der großen Masse der Eisenbahn- und der Post-
arbeiter mitausschlaggebend für die Festsetzung der infolge der Geldentwertung notwendig gewordenen Zuschläge zu den Beamtenbezügen.
Die Löhne der Reichsarbeiter jedoch, und im besonderen die Löhne der
Handwerker unter ihnen, waren in großem Maße abhängig von den in
der Privatindustrie an gleichartige Arbeiter gezahlten Löhnen. Entsprechend den Standorten der Industrie und den damit zusammenhängenden Verschiedenheiten der Arbeitsmarktlage waren jedoch die
Privatarbeiterlöhne im Reiche außerordentlich verschieden. Für die
Reichsarbeiter waren die Löhne in Reichstarifen festgelegt. Um nun die
Möglichkeit zu haben, die Reichsarbeiterlöhne an einzelnen Orten der dort
vorhandenen besonderen Höhe der Privatarbeiterlöhne anzugleichen, ging
man, und zwar zuerst bei der Reichseisenbahnverwaltung, dazu über, den
Arbeitern an einzelnen Orten sogenannte Wirtschaftsbeihilfen als Zuschläge zum Tariflohn zu bezahlen. Später entwickelten sich hieraus sogenannte örtliche Lohn- oder Sonderzuschläge. Durch ihre Ausdehnung
und Erhöhung entstand jedoch ein Mißverhältnis zwischen den Löhnen
der Eisenbahnarbeiter und den Gehältern der Eisenbahnbeamten. Dieses
Mißverhältnis war bei dem engen Zusammenhang, in dem gerade im
Eisenbahnbetriebe Arbeiter- und Beamtendienst stehen, auf die Dauer
unerträglich. Es führte dazu, daß das System der örtlichen Sonderzuschläge auch auf die Eisenbahnbeamten und damit auf alle Reichsbeamten sowie in der Folgezeit auch auf alle übrigen Beamten ausgedehnt
wurde. Erstmals vom 1. Oktober 1922 ab stellte der Reichshaushalt Mittel
bereit und ermächtigte den Reichsfinanzminister, mit Zustimmung des
Reichsrats an Orten mit besonders schwierigen wirtschaftlichen Verhältnissen den Reichsbeamten, den Wartestandsbeamten sowie den Pensio-
nären und den Beamtenhinterbliebenen örtliche Sonderzuschläge zu gewähren. Die Zuschläge wurden in Prozentsätzen zum Grundgehalt, den
Diäten, dem Ortszuschlag bzw. Wohnungsgeld, den Kinder- und Frauen-
zulagen, den Wartegeldern, Pensionen und Hinterbliebenenbezügen berechnet. Den größten Umfang sowohl der Zahl der Orte wie der Höhe
der Sätze nach erreichten die örtlichen Sonderzuschläge in der Zeit der
Hochinflation. Am zahlreichsten und am höchsten waren sie im Westen
des Reichs, insbesondere in den besetzten Gebieten. Diese Ausdehnung des
Systems der örtlichen Sonderzuschläge entsprach nicht immer dem Willen
der Verwaltung, war jedoch vielfach nach der Lage der Verhältnisse
unvermeidbar. Den als notwendig angesehenen Abbau der Zulagen jedoch
konnte man nur in der Weise vornehmen, daß bei Gelegenheit von Besoldungserhöhungen ein Teil der Zulagen in die Aufbesserung der Bezüge
eingerechnet wurde. Auf diese Weise wurden hohe Sonderzuschläge

stufenweise herabgesetzt, niedrige zum Verschwinden gebracht. Bis zur Besoldungsreform von 1927 war bereits ein erheblicher Abbau eingetreten. Aus Anlaß der Reform wurde eine wesentliche Reduzierung sowie ein Umbau der Zuschläge vorgenommen. Die Zuschläge wurden von jetzt ab nur noch zum Grundgehalt bzw. den Diäten, nicht mehr zu den übrigen Besoldungsbestandteilen gewährt. Außerhalb des besetzten Gebietes blieb die Zulage nur noch für Berlin, Hamburg und Altona bestehen. Im besetzten Gebiet wurden zwei Gruppen geschaffen, von denen die eine 8%, die andere 5% örtlichen Sonderzuschlag erhielt. Soweit der hierbei vorgenommene Abbau der Zulage 8% bzw. 10% betrug, wurde zum Ausgleich eine einmalige, in zwei Raten zahlbare Abfindungssumme zugebilligt. Im übrigen wurde bestimmt, daß nach der Räumung der westdeutschen Gebiete durch die fremde Besatzung die Zulagen in derselben Weise wie schon 1927 im unbesetzten Gebiet abgebaut werden. Infolgedessen bestehen örtliche Sonderzuschläge heute nur noch in den drei oben genannten Orten, und zwar in Höhe von 3% zum Grundgehalt sowie in etwa 100 Orten des westdeutschen Grenzgebiets in Höhe von 5%.

10. Besatzungszulage

Die während der Besetzung deutschen Gebietes durch fremde Truppen in der Besatzungszone obwaltenden, besonders ungünstigen wirtschaftlichen Verhältnisse haben zur Einführung einer besonderen Beihilfe an die Beamten dieser Gebiete geführt. Die Zulage wurde seit April 1920 gewährt, und zwar an Beamte, die ihren dienstlichen Wohnsitz im besetzten Gebiet hatten. Mit der Räumung der besetzten Gebiete fielen die Zulagen weg. Sie betrugen zuletzt:

An aktive Beamte . . . . ledig . . . 38,40 RM jährlich
verheiratet 48,— RM „
„ Wartegeldempfänger und Pensionäre . . . . . ledig . . . 19,20 RM „
verheiratet 24,— RM „
„ Beamtenwitwen . . . . 19,20 RM „

Hierzu trat in allen Fällen, in denen sonst Kinderzuschläge gezahlt werden, eine Kinderzulage von 9,60 RM jährlich. Während der ersten Zeit der Inflation war die relative Höhe der Besatzungszulage gegenüber dem sonstigen Gehalt und damit auch ihre Bedeutung für die Beamten ungleich größer. Erst durch die Ausdehnung und Erhöhung der örtlichen Sonderzuschläge wurde die Besatzungszulage allmählich in den Hintergrund gedrängt.

11. Dienstprämien

Die Gewährung von besonderen Dienstprämien kommt, abgesehen von der Reichsbahn, nur in seltenen Fällen vor. So können z. B. Polizei- und Landjägereibeamte der Länder nach 18- bzw. 24jähriger Dienstzeit eine

Dienstprämie erhalten, die in der Regel das Doppelte des zuletzt bezogenen Monatsgehalts beträgt. Die an verschiedene Beamtengruppen gezahlten sogenannten „Zehrgelder" haben nicht den eigentlichen Charakter von Dienstprämien, kommen ihm jedoch nahe. So werden z. B. an die Zollbeamten im Grenzüberwachungsdienst Zehrgelder von früher 6 RM, neuerdings 3o RM monatlich gezahlt; die Erhöhung wurde ausdrücklich mit den zur Zeit bestehenden erhöhten Schwierigkeiten und Gefahren bei der Schmuggelbekämpfung begründet.

Bei der Reichsbahn werden folgende Dienstprämien laufend ausgeschüttet:

a) Lokomotiv-Leistungsprämien an die Fahrbediensteten auf Dampflokomotiven. Der Festsetzung der Prämien liegt ein kompliziertes Berechnungssystem zugrunde, nach dem der Unterschied zwischen der angenommenen Soll-Leistung und der Ist-Leistung einer Lokomotive festgestellt wird. Der hiernach auf die Lokomotive entsprechend der erzielten Mehrleistung entfallende Betrag der Prämie wird auf die beteiligten Bediensteten (sowohl Beamte wie Arbeiter) anteilmäßig verteilt. Die Prämie bewegt sich zwischen 80 RM bei 10% Mehrleistung und 3120 RM bei 200% Mehrleistung. Sie gelangt vierteljährlich zur Auszahlung. Auf die Prämie besteht kein Rechtsanspruch.

b) Rangierprämien. Sie werden ausgezahlt für gute Leistungen an die im eigentlichen Rangierdienst tätigen Bediensteten (Beamte und Arbeiter). Die Prämie ist widerruflich. Es besteht kein Rechtsanspruch auf sie. Sie beträgt 20 Pfennig je Kopf und Schicht und kann beim Vorliegen besonderer Verhältnisse um einen Betrag bis zu 20 Pfennig erhöht werden.

c) Prämien für die Entdeckung oder Verhütung von Schäden an Bahnanlagen und Fahrzeugen, und für Ermittlung und Anzeige von Mißständen. Reichsbahnbedienstete, die an Betriebsanlagen oder Fahrzeugen betriebsgefährdende Schäden entdecken, erhalten sogenannte ordentliche Prämien, die sich zwischen 1 bis 9 RM für den Einzelfall bewegen. Bedienstete, die dienstlich für die betriebsfähige Instandhaltung der Anlagen usw. verantwortlich sind, sind von der Zahlung solcher Prämien ausgeschlossen. Sogenannte außerordentliche Prämien bis zum Betrage von 200 RM werden an Reichsbahnbedienstete (übrigens auch an Privatpersonen) gezahlt, wenn sie eine durch Schäden an den Anlagen drohende Betriebsgefahr durch entschlossenes und zweckmäßiges Handeln rechtzeitig abwenden oder wesentlich herabmindern.

C. Nebenbezüge

Neben den Bezügen, die die Beamten für die regelmäßige Ausübung ihres gewöhnlichen Dienstes erhalten, werden beim Vorliegen besonderer

Verhältnisse an die Beamten verschiedenartige Entschädigungen gewährt, die teils in Geld, teils in Naturalleistungen bestehen. Entsprechend den vielgestaltigen Verhältnissen, die auf diesem Gebiete vorliegen, sind die Bestimmungen hierüber sehr zahlreich und vielfach äußerst kompliziert. Es dürfte für die Aufgabe der vorliegenden Untersuchung ausreichen, wenn die wichtigsten dieser Entschädigungen kurz aufgeführt werden. Bei dem Umfang der in Frage kommenden Vorschriften muß dabei auf die Darstellung von Einzelheiten verzichtet werden.

1. Reisekosten

Für Dienstreisen, d. h. Reisen im Interesse des Dienstes und zur Ausführung von Dienstgeschäften, erhalten die Beamten Reisekostenentschädigungen. Diese bestehen im Ersatz der etwaigen Fahrkosten, in Tagegeld und in Übernachtungsgeld. Die Tage- und Übernachtungsgelder sind ihrer Höhe nach eingeteilt in sieben Stufen; innerhalb jeder Stufe wieder bestehen zwei Sätze: ein höherer für sogenannte besonders teure Orte und ein niedrigerer für die anderen Orte. Von den vollen Sätzen des Tagegeldes werden gewährt:

bei einer Dauer der Dienstreise bis zu 3 Std. —
„   „   „   „   „   „ „ 6 „ $3/10$
„   „   „   „   „   „ „ 8 „ $5/10$
„   „   „   „   „   „ über 8 „ $10/10$

Beamte, die vorübergehend außerhalb ihres dienstlichen Wohnsitzes bei einer Behörde beschäftigt sind oder sich sonst zu auswärtigen Diensten voraussichtlich länger als vierzehn Tage aufhalten, erhalten vom Beginn der dritten Woche ab anstatt der ordentlichen Tagegelder ermäßigte Entschädigungen, sogenannte Beschäftigungstagegelder. Beamte, denen ein Amtsbezirk überwiesen ist und die durch die Art ihrer Dienstgeschäfte zu häufigen Dienstreisen genötigt sind, erhalten an Stelle der ordentlichen Tagegelder sogenannte Bezirkstagegelder, die niedriger sind als die Reisetagegelder.

Die Reisekostenvergütungen (Tage- und Übernachtungsgelder) betrugen ab 1. Oktober 1921:

Stufe	Tagegeld		Übernachtungsgeld	
	bes. teure Orte	andere Orte	bes. teure Orte	andere Orte
I	5,60 RM	4,05 RM	3,60 RM	3,40 RM
II	7,20 RM	6,30 RM	4,80 RM	4,05 RM
III	9,60 RM	9,— RM	7,20 RM	4,50 RM
IV	11,20 RM	10,80 RM	8,— RM	5,40 RM
V	12,80 RM	12,60 RM	9,60 RM	7,20 RM

Die Verteilung der Besoldungsgruppen auf die „Stufen" I bis V ist dieselbe wie bei den Umzugskosten (S. Nr. 2).

2. Umzugskosten

Die Gewährung von Umzugskosten stützt sich auf § 18 des Reichs-beamtengesetzes und ist zur Zeit durch die seit dem 1. Juli 1928 in Kraft befindliche Umzugskostenverordnung für die Reichsbeamten geregelt.

Bei jeder Versetzung hat der Beamte Anspruch auf Umzugskosten-vergütung, deren Höhe sich nach verschiedenen Merkmalen richtet, je nachdem eine Versetzung im Inland oder eine solche im Ausland oder vom Inland zum Ausland oder umgekehrt in Frage steht. Für Ver-setzungen im Inland werden die Umzugskosten nach folgender Stufen-einteilung erstattet:

Stufe	Beamte, denen Grundgehalt gewährt wird nach der Besoldungsordnung			Soldaten,
	A	A (Anlage)	B	C
I	9 bis 12	6 bis 8	—	16 bis 22
II	6 „ 8 b	5	—	11 „ 15
III	4 a „ 5 c	4	—	8 „ 10
IV	2 a „ 3	1 bis 3	—	5 „ 7
V	1	—	6 bis 8	3 und 4
VI	—	—	4 und 5	2
VII	—	—	1 bis 3	1

Die Umzugskostenvergütung ist nach den oben angegebenen Stufen und nach der räumlichen Entfernung, über die der Umzug durchgeführt werden muß, abgestuft. Nach der Regelung vom 2. Mai 1928 waren für verheiratete Beamte mit eigenem Hausstand Grundbeträge von 240 RM bis 1000 RM und Steigerungsbeträge, je nach der Entfernung, von 1,50 RM bis 50 RM vorgesehen. Im Zusammenhang mit den vom Reiche 1931 durchgeführten Sparmaßnahmen sind diese Sätze durchweg um 10% gekürzt worden und betragen ab 1. September 1931:

Stufe	Grund-betrag bis 5 km Ent-fernung	Steigerungsbeträge für die weiteren Entfernungen					
		über 5 bis 50 km für je 5 km	über 50 bis 200 km	über 200 bis 400 km	über 400 bis 600 km	über 600 bis 800 km	über 800 km
			für je 10 km				
	RM	RM	RM	RM	RM	RM	RM
I	216	14,40	7,20	4,50	3,60	2,25	1,35
II	270	18,—	9,—	5,85	4,50	2,70	1,80
III	360	22,50	11,70	7,20	5,40	3,60	2,25
IV	540	32,50	16,20	10,80	8,10	5,40	3,15
V	900	45,—	21,60	14,40	10,80	7,20	4,50

Unverheiratete Beamte mit eigenem Hausstand erhalten nur die Hälfte, verheiratete Beamte ohne eigenen Hausstand nur zwei Zehntel der aus der Tabelle ersichtlichen Summe. Bei Entfernungen unter 50 km tritt ab 1. September 1931 eine weitere Kürzung ein, indem nur 80% der bereits um 10% gesenkten Grundbeträge usw. zustehen. Unverheirateten Beamten ohne eigenen Hausstand werden die durch die Beförderung des Umzugsgutes nachweislich entstandenen notwendigen Auslagen zurückerstattet.

Wird der Umzug aus dienstlichen Gründen innerhalb derselben politischen Gemeinde vorgenommen, so werden ebenfalls Umzugskostenvergütungen, aber in wesentlich beschränkterem Umfange, gezahlt.

Ist der Beamte infolge plötzlicher Versetzung gezwungen, für seine bisherige Wohnung bis zum Ablauf des Mietvertrages Wohnungsmiete zu zahlen, so kann ihm für eine gewisse Zeitdauer eine Mietentschädigung gezahlt werden.

In ähnlicher Weise sind die Umzugskostenvergütungen für Auslandsversetzungen unter Anpassung an die jeweils im betreffenden Lande herrschenden Verhältnisse geregelt.

Umfangreiche Ausführungsbestimmungen befassen sich mit Umzugskostenvergütungen für Umzüge aus einer Notwohnung in eine Dauerwohnung, für Wartegeld- bzw. Ruhegeldempfänger bei Übernahme einer Beschäftigung im Reichs-, Staats- oder Gemeindedienst, Beihilfen für Wohnungsinstandsetzungen aus gesundheitlichen Gründen, Abstandssummen zur Erlangung von Wohnungen für versetzte Beamte, Beihilfen zur Beschaffung von Öfen und Herden usw.

3. Wohnungsbeschaffungsbeihilfe

Infolge der herrschenden Wohnungsnot war es oft nicht möglich, den aus dienstlichen Anlässen versetzten Beamten am neuen Wohnort eine Wohnung zu verschaffen. Die Verwaltung sah sich deshalb genötigt, die Wohnungsbeschaffung durch Gewährung von besonderen Beihilfen zu erleichtern. Diese Beihilfen konnten immer dann gezahlt werden, wenn es gelang, durch ihre Gewährung neuen Wohnraum für die Beamtenschaft sicherzustellen. Sie betrugen im allgemeinen ein Vielfaches der Trennungsentschädigung und wurden nach den tatsächlichen jeweiligen Umständen besonders festgesetzt. Der frühere Höchstbetrag des Achtfachen der Trennungsentschädigung ist gleichzeitig mit den Gehaltskürzungen wesentlich gesenkt worden; außerdem ist im Zusammenhang mit dem Abbau der Wohnungszwangswirtschaft die Bewilligung stark eingeengt, meistens überhaupt nur noch mit Einwilligung der Ministerialinstanz zulässig.

4. Entschädigung für doppelte Haushaltführung

Die Entschädigung für doppelte Haushaltführung, die sogenannte Trennungsentschädigung, ist auf den großen Wohnungsmangel in der Nachkriegszeit zurückzuführen. Versetzten Beamten ist es meistens nicht

möglich gewesen, sich am neuen Dienst- bzw. Wohnort eine neue Wohnung zu beschaffen. Sie waren infolgedessen häufig gezwungen, allein
nach dem neuen Dienstort überzusiedeln und mußten ihre Familie so
lange am alten Wohnsitz zurücklassen, bis sie eine Wohnung bekamen.
In diesen Fällen sollte eine tägliche Entschädigung für die durch die besonderen Umstände bedingten Mehrkosten bewilligt werden. Sie war verschieden, je nachdem der alte Haushalt noch fortgeführt wurde, oder
das Mobiliar entgeltlich untergestellt wurde, und bewegte sich, in fünf
Stufen gestaffelt, von 2 bis 10 RM täglich.

5. Nachtdienstzulagen

Besondere Entschädigungen für Nachtdienst werden im allgemeinen
nicht gezahlt. Für einige wenige Beamtengruppen jedoch sind durch Haus-
haltsbewilligungen Ermächtigungen zur Zahlung von Nachtdienstzulagen
erteilt. In größerem Umfange werden Nachtdienstzulagen nur gezahlt
im Bereiche der Postverwaltung und der Deutschen Reichsbahn. Hier
betragen sie 50 Rpf für die Nacht, wenn der Nachtdienst nach 12 Uhr
und vor 4 Uhr nachts abgeleistet wird.

6. Kleidergeld

Bestimmte Beamtenkategorien sind bekanntlich zum Tragen von Dienstkleidung verpflichtet. Dies trifft in der Hauptsache für gewisse Kategorien von Eisenbahn- und Postbeamten zu, ferner für die Polizeibeamten,
Landjägereibeamten, Zollbeamten, Forstbeamten, Strafanstaltsaufsichts-
beamten, Justizwachtmeister u. a. m. Daneben kommt für gewisse Be-
amtentätigkeiten das Tragen von Berufs- oder Schutzkleidung in Frage.
Bei der Reichspostverwaltung werden die Kosten der Beschaffung von
Dienstkleidung in der Weise aufgebracht, daß der für einen bestimmten
Normalverbrauch nötige Aufwand von einer Kleiderkasse bestritten wird,
zu der die zum Tragen von Dienstkleidung verpflichteten Beamten Beiträge zu leisten haben. Ein Drittel der Kosten trägt die Verwaltung.
Eine ähnliche Regelung besteht für die Reichszollverwaltung. Für alle
Grenzzollbeamten und Beamten der Grenzzollämter, die dienstlich ver-
pflichtet sind, Dienstkleidung zu tragen, werden vom Reiche Kleidergeld-
zuschüsse gewährt, und zwar

für Grenzbeamte . . . . 50 %
für Beamte der Grenzzollämter . . . . 33 1/3 %
für Beamte im Vorbereitungsdienst . . . . . 50 %

Justizwachtmeister und -oberwachtmeister erhalten jährlich 48 RM
Kleidergeld. Strafanstaltsbeamte erhalten 48 RM jährlich Kleidergeld
(weibliche Beamte 18 RM). Den Schutzpolizeibeamten der unteren Dienst-

grade wird die Dienstkleidung unentgeltlich geliefert. Die höheren
Chargen und die Offiziere haben die Uniform selbst zu beschaffen und
erhalten dazu geringe Zuschüsse. In anderen Fällen wird die Dienstkleidung geliefert, und die Beamten haben einen Betrag zu den Kosten
beizutragen. Die Vorschriften sind im übrigen für die einzelnen Verwaltungen sehr verschieden. Geldliche Vorteile entstehen den Beamten aus
solchen etwa von der Verwaltung gewährten Zuschüssen nicht.

7. Aufwandsentschädigung

Aufwandsentschädigungen im Sinne von Repräsentationsgeldern werden
im Reichsdienst außer an Minister und Reichskanzler nur noch an einige
wenige höchste Beamte gezahlt. Sie werden durch den Etat festgesetzt und
bewilligt. In ähnlich beschränktem Umfange kommen Aufwandsgelder
auch in den Landesverwaltungen vor. Die Aufwandsgelder für die höheren
Beamten des Auswärtigen Dienstes sind für die einzelnen Stellen mit den
Bezügen zusammen besonders festgesetzt.

8. Sonstige Nebenbezüge

Das früher den Kanzleibeamten gewährte sogenannte Federgeld ist zum
größten Teil in Wegfall gekommen. Entschädigungen an Kassenbeamte
für Kassenausfälle müssen, soweit sie gewährt werden, im Haushaltsplan
bewilligt werden. Beamte, die aus dienstlichen Gründen zur Pferde-
haltung oder zur Haltung eines Kraftfahrzeuges verpflichtet sind, erhalten nach besonderen Vorschriften Ersatz für die dadurch entstehenden
Kosten. Die Beträge sind so bemessen, daß sie höchstens den entstehenden Aufwand decken.

9. Einkünfte aus Nebenämtern und Nebenbeschäftigungen

Für ein dem Beamten übertragenes Nebenamt, das er neben seinem
eigentlichen Hauptamte auszuüben hat, wird im allgemeinen keine besondere Vergütung gewährt. Nur in besonders begründeten Ausnahme-
fällen, wenn der Beamte im Hauptamt nicht entlastet wird und sich die
Ausübung des Nebenamts außerhalb der gewöhnlichen Dienststunden
vollzieht, können gewisse Vergütungen gewährt werden. Einnahmen aus
einer Nebenbeschäftigung des Beamten, sei es in privaten Unternehmungen, sei es in staatlich subventionierten Unternehmungen, oder
seien es Nebeneinnahmen aus öffentlichen Mitteln, werden im allgemeinen
dem Beamten belassen. Zur Ausübung einer solchen Tätigkeit bedarf
jedoch der Beamte der Genehmigung seiner vorgesetzten Behörde. Über
die Einnahmen, die ein Beamter aus einer mit seinem Hauptamt verbundenen Nebentätigkeit bezieht, bestehen bestimmte Vorschriften. Eine

besondere Vergütung für die Tätigkeit erhält der Beamte im allgemeinen
nicht. Werden für die Tätigkeit im Vorstande, Aufsichtsrat oder Ver-
waltungsrat einer Gesellschaft, an der das Reich beteiligt ist, von der
Gesellschaft Aufwandsentschädigungen, Tantiemen usw. gezahlt, so
können solche Entschädigungen dem Beamten bis zu einer gewissen Höhe
belassen werden. Der Beamte muß grundsätzlich die gesamten Bezüge
solcher Art seiner vorgesetzten Behörde anzeigen; die über die festgesetzte
Grenze hinausgehenden Entschädigungen muß der Beamte der Reichs-
kasse abliefern.

D. Naturalbezüge

1. Verpflegung, Unterkunft

Denjenigen Beamten, die, wie z. B. Schutzpolizeibeamte, Unterkunft
und Verpflegung von Amts wegen erhalten, werden diese Naturalbezüge
in bestimmten Beträgen auf ihr Diensteinkommen angerechnet. Die Vorschriften darüber sind sehr weitläufig und vielgestaltig und können daher
an dieser Stelle nicht wiedergegeben werden. Beamte, die berechtigt sind,
an einer Anstaltsverpflegung teilzunehmen (z. B. Krankenpflegepersonal),
haben dafür bestimmungsgemäß von der Behörde festgesetzte Beträge
zu entrichten.

2. Dienstwohnung

Durch den Reichshaushaltsplan wird bestimmt, welche reichseigenen
Wohnungen Dienstwohnungen sind. Wird eine solche Dienstwohnung
einem Beamten zur Benutzung angewiesen, so hat er dafür die Dienstwohnungsvergütung zu entrichten, die von seinen Bezügen abgerechnet
und zurückbehalten wird. Ein Rechtsanspruch auf Belassung einer Dienstwohnung besteht nicht. Der den Beamten zustehende Betrag des Wohnungsgeldzuschusses bildet die Höchstgrenze für die zu entrichtende
Dienstwohnungsvergütung. Im übrigen wird die Dienstwohnungsvergütung unter Berücksichtigung des örtlichen Mietwertes der Wohnung und
unter Mitwirkung der Beamtenvertretung festgesetzt. Die Dienstwohnungs-
vorschriften regeln in eingehender Weise nicht nur die für die Dienstwohnung zu zahlende Vergütung, sondern ebenso sämtliche Fragen der
Nutzung und Benutzung, der Instandhaltung usw. von Dienstwohnungen.
Etwa dem Dienstwohnungsinhaber geliefertes Heizmaterial, ebenso die
Mitbenutzung einer vorhandenen Heizungseinrichtung oder die Entnahme
von Gas, Wasser und Elektrizität muß von dem Beamten nach den dafür
bestehenden Vorschriften besonders vergütet werden. Dasselbe gilt für
etwaige Landnutzungen, Holznutzungen oder ähnliche Einrichtungen. Im
großen ganzen sind für die Beamten mit der Überlassung solcher Einrichtungen materielle Vorteile nicht verbunden.

E. Anwendung der Besoldungsordnung

1. Die Besoldungsgruppen und die Einreihung in diese

Die grundsätzlichen Fragen der Einteilung der Besoldungsgruppen, ihres Verhältnisses zueinander sowie des Gruppenaufbaues im ganzen sind bereits unter IV B 1 besprochen. Für die Einreihung des einzelnen Beamten nun in die bestehende Besoldungsordnung bzw. in eine ihrer Gruppen ist die Stelle maßgebend, die der Beamte bekleidet. Unter Stelle ist jedoch nicht die vom Beamten ausgeübte Tätigkeit zu verstehen, sondern ausschließlich die Planstelle des Etats. Die Etatsstellen werden als „Amtsgehilfenstellen", „Assistentenstellen", „Obersekretärstellen", „Regierungsratsstellen" usw. bewilligt. Eine so bezeichnete Stelle wird dem Beamten verliehen. Gleichzeitig erhält er, wenn erforderlich, die damit verbundene Amtsbezeichnung. Aus der im Etat für die Stelle ausgeworfenen Besoldung ergibt sich die Einreihung des Beamten in die betreffende Gruppe der Besoldungsordnung, aus den im Besoldungsgesetz für diese Gruppe vorgesehenen Bezügen an Grundgehalt, Wohnungsgeldzuschuß usw. die Errechnung seines Diensteinkommens. Die mit einer Stelle verbundenen Dienstgeschäfte sind keineswegs in jedem Falle von den Dienstgeschäften einer anderen, etwa höher eingruppierten Stelle ganz klar und streng abgegrenzt. Vielmehr greifen die Dienstverrichtungen an vielen Stellen derartig ineinander über, daß eine deutliche Scheidung nicht vorgenommen ist. Dies trifft z. B. in weitem Umfange auf die Tätigkeit der Assistenten einerseits und der Sekretäre andererseits zu. Außerdem kommt es nicht selten vor, daß ein Beamter als Inhaber einer niedrigeren Stelle die Amtsgeschäfte einer höheren Stelle versieht. Aus dieser Verlagerung der Tätigkeit ergeben sich jedoch keine besoldungsrechtlichen Konsequenzen. Der Beamte wird stets seiner Amtsbezeichnung, d. h. der ihm verliehenen Stelle entsprechend besoldet. Dies führt natürlich vielfach zu Berufungen derjenigen Beamten, die auf Grund ihrer höherwertigen Tätigkeit die Einreihung in eine höhere Gruppe glauben fordern zu können. Das Besoldungsgesetz jedoch verfolgt den Grundsatz, daß die Überführung in eine höhere Besoldungsgruppe nur durch ausdrückliche Beförderung und diese nur bei Verleihung einer anderen „Stelle" möglich ist. Man hat das so ausgedrückt, daß für die Einreihung in die Besoldungsgruppen nicht das Leistungsprinzip, sondern das Stellen- oder Verleihungsprinzip maßgebend ist.

2. Besoldungsdienstalter, Diätendienstalter

Bestimmend für die Höhe der tatsächlich einem Beamten zustehenden Bezüge ist neben seiner Einreihung in eine bestimmte Besoldungsgruppe sein sogenanntes Besoldungsdienstalter in dieser Gruppe, bzw. bei außer-

planmäßigen Beamten das Diätendienstalter. Der Begriff des Besoldungsdienstalters ist ein anderer als etwa der des Pensionsdienstalters oder der
des allgemeinen (früher Rang-)Dienstalters, und hat auch nichts mit dem
Lebensalter des Beamten zu tun. Das Besoldungsdienstalter ist ein rech-
nungsmäßiger Hilfsbegriff, der dazu dient, die Dienstaltersstufe innerhalb der Besoldungsgruppe festzusetzen, aus der der Beamte besoldet wird,
sowie den Termin für die Aufrückung in den Dienstaltersstufen. Die
Vorschriften über die Berechnung und Festsetzung des Besoldungsdienstalters gehören zu den kompliziertesten des deutschen Besoldungsrechts.
Es muß an dieser Stelle davon abgesehen werden, eine erschöpfende Darstellung der gesamten Bestimmungen über das Besoldungsdienstalter zu
geben. Zum Verständnis der Frage möge folgendes genügen:

Das Besoldungsdienstalter beginnt mit dem Tage, an dem der Beamte
in eine Besoldungsgruppe zuerst eintritt. Die Festsetzung des Besoldungsdienstalters gilt also immer nur für eine bestimmte Besoldungsgruppe.
Dieser Tag ist in der Regel der Tag der Anstellung in der entsprechenden
planmäßigen Stelle. Abweichend hiervon kann das Besoldungsdienstalter
auch früher beginnen, je nachdem der Beamte auf Grund besonderer Verhältnisse nicht in der ersten Stufe des Grundgehalts in seiner Besoldungsgruppe beginnen soll oder das Gehalt der ihm zugewiesenen Dienststufe
eine kürzere Zeit als zwei Jahre lang beziehen soll. Es gilt also in sehr
vielen Fällen ein bloß fiktives Besoldungsdienstalter. Das Besoldungsdienstalter ist immer gleich der Zeit, die der Beamte gebraucht hat oder
gebraucht hätte, um vom Anfangsgehalt seiner Gruppe, in der er sich
befindet, bis zu der Dienstaltersstufe, die er im Augenblick inne hat,
aufzurücken und nach zweijährigem Verbleiben in dieser Stufe in die
nächsthöhere aufzusteigen. Die wichtigste Abweichung von der regelmäßigen Berechnung des Besoldungsdienstalters ist die sogenannte Anrechnung von Vordienstzeiten. Für diese Anrechnung kommt in erster
Linie die außerplanmäßige Dienstzeit in Betracht. Soweit sie bei derselben Dienstlaufbahn verbracht ist und fünf Jahre (bei Versorgungsanwärtern vier, bei gewissen weiblichen Beamten der Reichspostverwaltung acht Jahre) übersteigt, wird sie auf das Besoldungsdienstalter angerechnet, d. h. daß das Besoldungsdienstalter um die entsprechende Zeit
vor den Tag der ersten planmäßigen Anstellung zurückverlegt wird mit
der Wirkung, daß der Beamte je nach der Dauer der angerechneten Zeit
entweder in der Anfangsstufe kürzer als zwei Jahre verbleibt oder sofort
in eine höhere Stufe einrückt. Eine ähnliche Anrechnung wird auch bei
Beamten vorgenommen, die nicht außerplanmäßige Beamte waren, aber
Dienstzeiten aufweisen, die ihnen als außerplanmäßige Beamtendienst-
zeit hätten angerechnet werden können. Die zweite häufig vorkommende

Anrechnung von Vordienstzeiten ist die Anrechnung von Dienstzeiten, die im Heer, bei der Marine, der Schutzpolizei oder im Dienste des Reichswasserschutzes verbracht sind. Diejenigen ehemaligen Angehörigen dieser Dienstzweige, die „Versorgungsanwärter" sind, d. h. die nach gewisser Dauer dieser Dienstzeit einen „Versorgungsschein" erhalten haben, erhalten diese Dienstzeit bis zur Dauer von höchstens sechs Jahren auf das Besoldungsdienstalter angerechnet. Diese Anrechnung bezweckt die Gleichstellung der Versorgungsanwärter mit den aus dem Zivildienst hervorgegangenen Beamten. Daneben kann auch den Versorgungsanwärtern die über die obengenannten Fristen hinausgehende außerplanmäßige Dienstzeit angerechnet werden. Ferner erhalten die schwerkriegsbeschädigten Beamten, die auf Grund des sogenannten Beamtenscheins angestellt worden sind, unter gewissen Voraussetzungen eine Verbesserung ihres Besoldungsdienstalters um höchstens zwei Jahre. Abgesehen von den erwähnten Fällen kann eine außerhalb des Reichsbeamtenverhältnisses zurückgelegte Dienstzeit oder die Zeit einer praktischen Beschäftigung nach näherer Bestimmung der obersten Reichsbehörde auf das Besoldungsdienstalter angerechnet werden. Die Anrechnung der nicht im Beamten- oder Offiziersverhältnis verbrachten Zeit darf jedoch in der Regel vier Jahre nicht übersteigen. Diese Vorschriften sind als sogenannte Härteausgleichsvorschriften eng auszulegen; ihre Anwendung beschränkt sich auf Ausnahmefälle. Schließlich wird noch den technisch vorgebildeten Beamten die Zeit des Besuchs einer staatlichen oder staatlich anerkannten technischen Fachschule oder eines Hochschulbesuchs sowie die daneben als Bedingung für den Eintritt in die Beamtenlaufbahn vorgeschriebene Zeit einer praktischen Beschäftigung auf das Besoldungsdienstalter angerechnet, jedoch nur insoweit, als durch den Schulbesuch oder die praktische Beschäftigung und die damit verbundene zeitliche Hinausschiebung der Anstellung der Beginn des Besoldungsdienstalters gegenüber den gleichzubewertenden nicht technisch vorgebildeten Beamten im gleichen Geschäftsbereich hinausgeschoben wird. Diese Vorschrift hat also zum Ziele, die technisch vorgebildeten Beamten, die in der Regel in späterem Lebensalter eintreten als die Nicht-Techniker, mit diesen gleichzustellen.

Bei den außerplanmäßigen Beamten entspricht dem Besoldungsdienstalter der Begriff des Diätendienstalters. Dieses beginnt, von Ausnahmen abgesehen, mit dem Tage des Eintritts als außerplanmäßiger Beamter. Anrechnungsfähig auf das Diätendienstalter sind unter gewissen Voraussetzungen und bis zu bestimmten Grenzen die Zeiten einer vollen Beschäftigung im Arbeiter- oder Angestelltenverhältnis bei derselben Verwaltung, die Zeit eines bestimmungsgemäßen Hochschulstudiums sowie

die Zeit nach Abschluß eines bestimmungsgemäß zu absolvierenden Vor-
bereitungsdienstes, ferner im Wege des Härteausgleichs Dienstzeiten, die
bei einer anderen Dienstlaufbahn oder außerhalb des Reichsbeamtenverhältnisses zurückgelegt sind. Eine vor dem vollendeten 20. Lebensjahre
zurückgelegte Dienstzeit kann jedoch in keinem Falle angerechnet werden.

3. Die Aufrückung in den Dienstaltersstufen

Die regelmäßige Aufrückung der Beamten in den Dienstaltersstufen
ihrer Besoldungsgruppe ist in der Hauptsache unter IV B 1 behandelt.
Hier ist lediglich noch zu erwähnen, daß der Zeitpunkt für die Aufrückung von einer Stufe in die nächsthöhere sich nach dem Besoldungsdienstalter richtet. In Abständen von zwei zu zwei Jahren steigt der Beamte am 1. des Monats, in den der Beginn seines Besoldungsdienstalters
fällt, in den Dienstaltersstufen auf. Er erhält also die mit dem Aufsteigen
verbundene Dienstalterszulage für den vollen Monat. Auf die Gewährung der Dienstalterszulage haben die planmäßigen Beamten einen Rechtsanspruch.

Die außerplanmäßigen Beamten steigen in den Stufen ihrer Ver-
gütungssätze nach den in der Tabelle (siehe Anlage) angegebenen Fristen.
Ein Rechtsanspruch für dieses Aufsteigen besteht jedoch nicht.

4. Übertritt aus einer Besoldungsgruppe in eine andere

Der Übertritt von einer Besoldungsgruppe in eine höhere kann grundsätzlich nur im Wege der Beförderung vor sich gehen. Die sogenannte
automatische Aufrückung, die das Besoldungsgesetz von 1920 in gewissem Umfange schuf, kennt die gegenwärtige Besoldungsordnung nicht
mehr. Die Beförderung kann innerhalb einer Laufbahn stattfinden in
den Fällen, wo die Beamten einer Laufbahn je nach der Bewertung der
einzelnen Stellen auf mehrere Besoldungsgruppen verteilt sind (z. B. Assistenten — Sekretäre; Obersekretäre — Oberinspektoren; Regierungsräte — Oberregierungsräte usw.). Beim Übertritt in eine höhere Besoldungsgruppe erhält der Beamte grundsätzlich das nächsthöhere Grundgehalt, das in dieser Gruppe vorkommt und bezieht es zwei Jahre lang,
um dann in die nächste Dienstaltersstufe seiner Gruppe aufzusteigen.
Wäre er jedoch in der verlassenen Besoldungsgruppe schon vor Ablauf
dieser Zeit in den nächsthöheren Grundgehaltssatz aufgestiegen und damit in den Bezug eines Grundgehalts gelangt, das über das ihm in der
neuen Besoldungsgruppe gewährte hinausgeht oder ihm gleichkommt, so
steigt er auch in der neuen Besoldungsgruppe in den nächsthöheren
Grundgehaltssatz bereits zu derselben Zeit, zu der er in der verlassenen
Besoldungsgruppe aufgestiegen wäre. Ruhegehaltsfähige und unwiderruf-

liche Stellenzulagen werden hierbei dem Grundgehalt zugerechnet. Durch diese Bestimmungen wird bewirkt, daß die Beamten bei der Beförderung in der Regel in der neuen Besoldungsgruppe auch ein anderes als das bisherige Besoldungsdienstalter erhalten; und zwar tritt stets ein Verlust ein, der zur Folge hat, daß der Beamte in der neuen Besoldungsgruppe eine längere Aufrückungsfrist bis zur Erreichung des Endgrundgehalts vor sich hat als in der alten Gruppe. Aus diesem Grunde ist im Besoldungsgesetz eine große Zahl von Sondervorschriften enthalten, die bewirken, daß beim Übertritt aus bestimmten Besoldungsgruppen in bestimmte andere Besoldungsgruppen entweder kein Verlust am Besoldungsdienstalter eintritt, oder dieser Verlust auf ein bestimmtes Höchstmaß begrenzt wird.

5. Übertritt aus dem Arbeiter- oder Angestelltenverhältnis in das Beamtenverhältnis

Bei den großen Betriebsverwaltungen, Reichsbahn und Reichspost insbesondere, kommt die Übernahme von Arbeitern dieser Betriebe in das Beamtenverhältnis in größerem Umfange vor. Bei den sogenannten Hoheitsverwaltungen ist ebenfalls den Angestellten dieser Behörde der Übertritt in das Beamtenverhältnis wenigstens grundsätzlich möglich. Mit der Übernahme von Arbeitern oder Angestellten in das Beamtenverhältnis ist für diese häufig ein Einkommensverlust verbunden; jedoch wird in der Mehrzahl der Fälle die Beamtenanstellung, wo sie irgend möglich ist, dennoch erstrebt wegen der größeren Sicherheit und der besseren Pensionsversorgung. Die Möglichkeit, daß gewisse Teile der Arbeiter- oder Angestelltenzeit auf das Besoldungsdienstalter angerechnet werden und somit der Übertretende in seiner Besoldungsgruppe nicht wie ein junger Dienstanfänger von vorne mit dem Anfangsgehalt beginnen muß, ist unter IV E 2 erörtert. Im übrigen bestehen bei den großen Betriebsverwaltungen für die Übernahme von Arbeitern in das Beamtenverhältnis gewisse Lebensaltersgrenzen, bei deren Überschreiten eine Anstellung als Beamter nicht mehr in Frage kommt. Hierdurch suchen sich die Verwaltungen vor einem allzu großen Anwachsen der Pensionskosten zu schützen, da bei hohem Anstellungsalter naturgemäß der Rest der aktiven Dienstzeit kürzer ist und die in bestimmten längeren Zeiträumen anfallenden Pensionslasten daher entsprechend größer werden.

6. Zahlungsweise der Bezüge

Nach dem geltenden Recht sind die Dienstbezüge der Beamten monatlich im voraus zu zahlen. Der Reichsfinanzminister kann jedoch mit Zustimmung des Reichsrats und des Reichshaushaltsausschusses bestimmen, daß die Dienstbezüge der planmäßigen Beamten bei Überweisung auf

ein Konto vierteljährlich im voraus gezahlt werden dürfen. Die vierteljährliche Zahlungsweise war durch das Besoldungsgesetz von 1920 eingeführt worden. Vom 1. Oktober 1923 ab wurde jedoch die vierteljährliche Gehaltszahlung aufgehoben, da man von der damit verbundenen
Vermehrung des Geldumlaufs inflationistische Wirkungen befürchtete.
Die Aufhebung der vierteljährlichen Gehaltszahlung war ursprünglich
nur als vorübergehende Maßnahme gedacht. Die finanziellen Schwierigkeiten des Jahres 1931 führten jedoch dazu, daß auch die monatliche
Gehaltsvorauszahlung bis auf weiteres aufgehoben wurde. Die Termine
für die Teilzahlungen werden auf Grund des Notverordnungsrechtes von
den Verwaltungen bestimmt.

V. Die Besteuerung des Besoldungseinkommens
1. Steuerprivileg

Die Besteuerung des Diensteinkommens, das heute nach den allgemeinen
Grundsätzen zur Besteuerung herangezogen wird, hat mehrfache Wand-
lungen durchgemacht. Bis zur Einführung der Reichseinkommensteuer
im Jahre 1920 bestand in Deutschland das sog. „Steuerprivileg" der Beamten.

Das Beamtenprivileg geht bis in jene Zeiten zurück, in denen die damaligen Beamten als Diener oder Angestellte eines Herrschers selbst
Steuern von den Untertanen eintrieben und in dieser Eigenschaft von
der eigenen Steuerleistung befreit waren. So alt wie das Privileg ist auch
der Meinungsstreit um seine Berechtigung. Von den Befürwortern des
Privilegs wurde stets darauf hingewiesen, daß es im Ergebnis auf das
gleiche hinauslaufe, ob der Beamte einen Teil seines Gehalts wieder in
dieselbe Staatskasse als Steuer einzahle, oder ob von vornherein ein entsprechend niedrigeres Gehalt zur Auszahlung käme. Es würde durch diese
Art der Besteuerung nur überflüssige Mehrarbeit geleistet, und bei einer
Besteuerung des Diensteinkommens müßten dann deshalb höhere Bezüge
bewilligt werden, weil für den Beamten, der seine ganze Arbeitskraft un-
umschränkt nur in den Dienst des Staates gestellt habe, der notwendige
Lebensunterhalt sichergestellt werden müsse. Die Gegner wollten den Beamten besteuert wissen, damit er mit dem wirtschaftlichen Auf und Ab
inniger verbunden sei, die Auswirkungen erhöhten Steuerdrucks selbst zu
spüren bekomme und so zu sparsamster Staatswirtschaft erzogen würde.
Nach der Staatsumwälzung ist den Gegnern des Beamtenprivilegs ein
mächtiger Bundesgenosse in Gestalt der Beamtenorganisationen er-
wachsen. Von ihnen wurde im Sinne und Geist der republikanischen
Reichsverfassung die Losung ausgegeben: Gleiche Rechte — gleiche
Pflichten. Den Beamten waren durch die Verfassung dieselben Staats-

bürgerrechte wie den übrigen Volksgenossen verliehen worden, sie wollten in Konsequenz dessen auch zu allen Pflichten, also auch den Steuerleistungen in demselben Umfange herangezogen werden. So ist mit ihrer tatkräftigen Unterstützung gelegentlich der Reichssteuerreform 1919 bis 1920 das Beamtenprivileg gefallen.

2. Vorkriegszeit

Das Steuerprivileg hat, um nur die Verhältnisse in einem Lande kurz zu schildern, in Preußen vom Beginn des 19. Jahrhunderts in der Form bestanden, daß die Staats- und Gemeindebeamten zu den kommunalen Zuschlägen zur Staatssteuer nur in Höhe der halben Sätze des persönlichen Einkommens veranlagt wurden. Die Maßregel wurde u. a. auch damit begründet, daß die Beamten ihren Wohnsitz nicht frei wählen können, oft nach kurzer Zeit wieder versetzt werden und häufig an den Segnungen der mit Steuermitteln erstellten Verbesserungen in ihrer letzten Wohnsitzgemeinde nicht mehr teilnehmen können. Das Gesetz vom 16. Juni 1909 brachte eine wesentliche Einschränkung der bisherigen Steuerbefreiung, aber nur für diejenigen Staatsbeamten, die nach dem 31. März 1909 zur Anstellung gelangten.

Der entsprechende Gesetzestext hat folgenden Wortlaut:

„Die unmittelbaren und mittelbaren nach dem 31. März 1909 angestellten Staatsbeamten, Elementarlehrer und die seither bei der Gemeindeeinkommenbesteuerung bevorrechteten unteren Kirchendiener sowie die Beamten des königlichen Hofes werden in den Gemeinden zur Einkommensteuer gleich den übrigen dieser Steuer unterworfenen Personen herangezogen, sofern nicht mehr als 125% Zuschläge erhoben werden. Werden Zuschläge in höherem Betrage erhoben, so trifft der Mehrbetrag der Zuschläge nur den auf das außerdienstliche Einkommen entfallenden Teil des Steuersatzes."

Der Steuersatz von 125% zur umlagefähigen Staatseinkommensteuer war keinesfalls hoch gegriffen, vielmehr bewegte er sich sehr wesentlich unter dem Durchschnitt. Einen Überblick über die in Preußen üblichen Gemeindezuschläge zur Staatseinkommensteuer gibt nachstehender Auszug aus einer Zusammenstellung des Preußischen Statistischen Jahrbuchs von 1912.

Anzahl der Städte	Prozentanteil aller Städte	Gemeindezuschlag, Prozent der Staatseinkommensteuer
150	10,8 %	0 % bis 125 %
782	56,5 %	über 125 % bis 200 %
433	31,3 %	über 200 % bis 300 %
20	1,4 %	über 300 %
1 385	100,0 %	

Die Tabelle zeigt, daß von den insgesamt 1385 preußischen Städten und
Landgemeinden mit mehr als 10 000 Einwohnern nur 150 Städte, also
etwas über 10%, Gemeindezuschläge von 125% und weniger erhoben.
Die große Mehrzahl aller Städte hatte höhere Zuschläge, die im Gesamt-
durchschnitt mit 180% nicht zu hoch gegriffen sein dürften.

3. Reichseinkommensteuer

An die Stelle der staatlichen und kommunalen Einkommenbesteuerung
trat mit Wirkung vom 1. April 1920 das Reichseinkommensteuergesetz,
dem auch die Beamten des Reichs, der Länder und Gemeinden, ebenso
wie die übrigen Staatsbürger mit ihrem gesamten Diensteinkommen unterliegen. Lediglich Dienstaufwandsentschädigungen, Reisekosten und Tagegelder und ähnliche Nebenbezüge sind von der Einkommensteuer freigestellt. Abweichend von dem Grundprinzip der Besteuerung nach der
Leistungsfähigkeit, das sonst im Einkommensteuergesetz von 1920 weitgehend zur Anwendung gekommen ist, wurde beim Steuerabzug vom
Arbeitslohn das Leistungsprinzip zugunsten der Einfachheit in der Steuer-
erhebung durchbrochen. Allerdings war der 10%ige Lohnabzug von allen
Löhnen und Gehältern ursprünglich nur als Abschlagszahlung auf die
veranlagte Einkommensteuer gedacht, wurde aber mit der Reform vom
Juli 1921 (Gesetz über die Einkommensteuer vom Arbeitslohn) unter
Wegfall des Veranlagungszwanges für den größten Teil der Lohn- und
Gehaltsempfänger zur endgültigen Lohnsteuer. Letztere besteht in dieser
Form auch heute noch, es sind aber im Laufe der Jahre, entsprechend
der Verschiedenartigkeit der wirtschaftlichen Entwicklung, zahlreiche
Novellen erschienen, die zahlenmäßige Änderungen der Freigrenzen, der
Familienermäßigungen und der Steuerprozente gebracht haben. Die
überwiegende Mehrzahl der Beamten unterliegt mit ihren Gehältern lediglich dem „Steuerabzug vom Arbeitslohn", der bei jeder Gehaltszahlung
vom Arbeitgeber für Rechnung des Reichs einbehalten wird. Eine Ver-
anlagung findet daneben nur statt, wenn die Einkommensgrenze von
9200 RM jährlich überschritten wird, d. h. erst in den höchsten Dienstaltersstufen der höheren Beamten. Nach dem augenblicklichen Stande
bleiben von dem auf den nächstniedrigen, durch 5 teilbaren Betrag des
Diensteinkommens monatlich 100 RM steuerfrei. Außerdem wird der
Familienstand durch Abzug von je 10% des Resteinkommens für die
Ehefrau und jedes minderjährige Kind berücksichtigt, wobei aus sozialen
Erwägungen gewisse absolute Mindestfreibeträge festgelegt sind. Die
Steuer selbst macht 10% des nach Abzug der vorerwähnten Beträge
übrigbleibenden Einkommenteils aus. Dieser Steuerbetrag selbst ist aber

ab 1. Oktober 1928 durch eine Milderungsvorschrift nochmals um 25%, im Höchstfalle aber monatlich um 3 RM gesenkt worden.

Es würde sich demnach die Steuer eines verheirateten Beamten mit zwei Kindern mit einem Monatsgehalt von 350 RM folgendermaßen berechnen:

Monatsgehalt	350,— RM
steuerfreier Lohnbetrag	100,— RM
	250,— RM
10% steuerfrei für Ehefrau . . . . 25 RM	
je 10% steuerfrei für 2 Kinder . . . . . 50 RM 75,— RM	
zu versteuern	175,— RM
davon 10% Steuer	17,50 RM
abzügl. Milderung (25%, höchstens 3,— RM) . .	3,00 RM
zu zahlende Lohnsteuer	14,50 RM

4. Ledigensteuer

Für ledige Beamte fällt die Milderung der Steuer um 25% weg, sie müssen sogar seit 1. September 1930 einen Zuschlag von 10% zur Lohnsteuer als besondere Ledigensteuer entrichten.

5. Bürgersteuer

Die Ungunst der Zeitverhältnisse hat neuerdings in Deutschland eine allgemein von der Wissenschaft als ungerechteste Steuer gebrandmarkte Kopfsteuer, die Bürgersteuer, zur Einführung gebracht. Sie ist eine Gemeindesteuer und trifft alle im Gemeindebezirk wohnenden natürlichen Personen, die über 20 Jahre alt sind. Die Höhe der Bürgersteuer wird von den Ländern bestimmt, beträgt bei Jahreseinkommen bis 4500 RM wenigstens 6 RM, steigend bis 2000 RM bei Jahreseinkommen von mehr als ½ Million und muß im Verhältnis der vom Reiche festgelegten Richtsätze erhoben werden. Maßgebend ist jeweils das Einkommen des Vorjahres.

6. Gesamtbesteuerung

Die steuerliche Belastung der Beamtenschaft im Vergleich zur Vorkriegszeit zeigen die Beispiele auf der folgenden Seite.

Der Vergleich der heutigen Besteuerung der Beamten mit der vor dem Kriege zeigt, daß mit Ausnahme der untersten Einkommensstufen die Steuerlast für den einzelnen erheblich angestiegen ist. Das trifft besonders auf die mittleren und oberen Einkommensstufen zu. In den Einkommensstufen bis zu etwa 2000 RM jährlich hat sich der Steuerdruck, soweit der kinderlos Verheiratete in Frage kommt, nicht verstärkt, bei kinderreichen Familien hat er sogar stark nachgelassen, weil in vielen Fällen

5*

Besteuerung eines kinderlos verheirateten Beamten

Jährliches Dienst- einkommen	im Jahre 1913/14 in Preußen					im Jahre 1931 im Reich			
	Preußische Staats- einkommen- steuer *	Zuschlag zur Staats- einkommen- steuer	Gemeinde- zuschlag 125% zur Staatssteuer	Steuerbetrag		Lohn- steuer	Bürger- steuer 300% **	Steuerbetrag	
				absolut	Proz. des Dienst- eink.			absolut	Proz. des Dienst- eink.
M	M	M	M	M	%	RM	RM	RM	%
2000	36,—	1,80	45,—	82,50	4,14	51,—	27,—	78,—	3,90
3000	60,—	6,—	75,—	141,—	4,70	132,—	27,—	159,—	5,30
4000	104,—	10,40	130,—	214,40	5,36	232,—	27,—	259,—	6,47
5000	132,—	13,20	165,—	310,20	6,20	332,—	40,50	372,50	7,45
6000	160,—	16,—	200,—	376,—	6,26	432,—	40,50	472,50	7,87
7000	192,—	19,20	240,—	451,20	6,44	532,—	54,—	586,—	8,37
8000	232,—	23,20	290,—	545,20	6,81	632,—	54,—	686,—	8,57

* Zu den Steuersätzen des Preußischen Staatseinkommensteuergesetzes von 1891 wurden seit 1909 Zuschläge erhoben. Nach dem 31. 3. 1909 angestellte Beamte wurden mit höchstens 125% Gemeindezuschlag zur Staatssteuer (ohne die Staatssteuerzuschläge) herangezogen.

** Für die Bürgersteuer, deren Mindestsätze vom Reich festgelegt sind, ist ein Prozentsatz von 300 zugrunde gelegt. Die gesetzliche Vorschrift, daß für den Ehemann 100% und für die Ehefrau 50% der Bürgersteuer zu entrichten sind, ist berücksichtigt.

Kinderreiche heute steuerfrei sind, die damals der Staatssteuer noch unterlagen.

Das Bild ändert sich natürlich, wenn wir zum Vergleich einen ledigen Beamten heranziehen, denn dieser ist heute mehr belastet, weil er einen besonderen Ledigenzuschlag von 10% zur Lohnsteuer zahlen muß und außerdem der Milderungen (25% der Lohnsteuer) verlustig geht.

In der obigen Tabelle könnte bemängelt werden, daß 300% der Bürgersteuer eingesetzt worden sind, obwohl ein großer Teil der Gemeinden unter diesem Satz geblieben ist. Die große Finanznot wird auch da noch manche Erhöhung bringen, außerdem wird auch bei Einsetzung der Mindestbeträge für die Bürgersteuer das bisher festgestellte Ergebnis nur unwesentlich geändert, weil sich die prozentualen Steuerbeträge von 2000 RM Diensteinkommen an, anstatt von 5,30 bis 8,57, dann von 4,70 bis 8,12% bewegen.

7. Kirchensteuer

In diesem Zusammenhang sei auch noch auf eine weitere Steuer hingewiesen, die allgemein auch von den Beamten eingehoben wird — die Kirchensteuer. Sie wird von den einzelnen Kirchengemeinden selbständig festgesetzt. Die Höhe der Kirchensteuer ist sehr verschieden, nicht nur nach Konfession, sondern auch nach örtlicher Zugehörigkeit. Meistens wird sie als Zuschlag zur Einkommensteuer des vorhergehenden Jahres berechnet und macht durchschnittlich etwa 10 bis 12% der Lohnsteuer aus.

VI. Grundsätze der Besoldungspolitik

1. Einheitlichkeit

Die Frage der Einheitlichkeit der Beamtenbesoldung hat erst in der neueren Zeit praktische Bedeutung gewonnen. Vor dem Kriege bestanden in der Besoldung der Beamten des Reichs, der Länder und der Gemeinden große Unterschiede. In der Beamtenschaft machten sich damals schon Bestrebungen nach Vereinheitlichung geltend. Einen besonderen Antrieb erhielten diese durch die Einführung der Kriegsteuerungszulagen, bei deren Gewährung naturgemäß ein Vergleich der Beamten unter sich gut möglich war. Als die große Besoldungsreform des Reichs im Jahre 1920 durchgeführt wurde, verstand es die Beamtenschaft durch ihren politischen und organisatorischen Einfluß, den Gedanken der Einheitlichkeit der Besoldung weitgehend zu verwirklichen. Es kam sogar dahin, daß manche Länder und Gemeinden über die erste Fassung der Reichsbesoldungsordnung, die im Frühjahr 1920 beschlossen war, verschiedentlich hinausgingen, so daß das Reich schon im Herbst 1920 durch eine Novelle gewisse Korrekturen seiner Besoldungsordnung mit Besserstellung einzelner Beamtengruppen vornehmen mußte. Im Zusammenhang damit gewann aber auch der Gedanke mehr und mehr an Boden, daß Länder und Gemeinden nicht über die Reichsbesoldungsordnung hinausgehen dürften. In Reichstagsentschließungen wurde ein entsprechendes gesetzgeberisches Vorgehen verlangt. Es kam schließlich zum Erlaß eines Gesetzes über die einheitliche Regelung der Besoldung der Beamten, des sogenannten Besoldungssperrgesetzes vom Jahre 1922. In ihm war bestimmt, daß die Besoldung der Beamten der Länder, Gemeinden und sonstigen Körperschaften des öffentlichen Rechts nicht höher sein dürfe als die gleichartiger Reichsbeamter. Die Kontrolle der Durchführung dieses Grundsatzes war dem Reiche übertragen. In Streitfällen entschied in letzter Instanz ein beim Reichsgericht gebildetes Schiedsgericht. In vielen, zum großen Teil überaus eingehenden Entscheidungen wurde so über die Besoldung zahlreicher Beamtengruppen der Länder und besonders der Gemeinden entschieden. Nicht nur die Höhe der Grundgehälter und des Wohnungsgeldes oder die Einreihung der Beamten in die Besoldungsgruppen unterlag dem Angleichungszwang, sondern auch die einzelnen Besoldungsvorschriften, besonders die über die Berechnung des Besoldungsdienstalters, mußten genau den Reichsbestimmungen angeglichen werden. Dadurch entstand besonders bei der straffen Anwendung, die das Reichsfinanzministerium dem Besoldungssperrgesetz angedeihen ließ, mit der Zeit ein starrer Schematismus, der an vielen Stellen, besonders in Kreisen der Selbstverwaltung und bei den betroffenen

Beamten, unliebsam empfunden wurde. Jedoch war vom Standpunkte der
Politik des Reiches aus, das eine Reihe von Jahren hindurch den Ländern
sogar Besoldungszuschüsse (auch für die Gemeinden) zahlte, das Besoldungssperrgesetz erwünscht, da es einen Damm gegen sogenanntes
Überbieten des Reichs in der Besoldung durch Länder oder Gemeinden
darstellte. Mit der Zeit verdichtete sich jedoch der Widerstand gegen das
Gesetz so stark, daß es ab 1. April 1926 aufgehoben wurde. Bestehen
blieb jedoch noch die Sperre für das Wohnungsgeld und die Ortsklasseneinteilung. Sie gilt heute noch. Bei der Besoldungsreform von 1927 stellte
man sich von seiten der Reichsregierung auf den Standpunkt, daß zwar
die Neuregelung nicht ohne Auswirkung auf Länder und Gemeinden
bleiben werde, daß aber eine rein schematische Übertragung der Reichsbesoldungsordnung oder ihrer Grundsätze für Länder- und Gemeindebeamte nicht in Frage komme, „weil die Verhältnisse in den Ländern
und Gemeinden vielfach anders gelagert sind als im Reich". Verhältnismäßig schnell also hatte sich der noch im Jahre 1926 vom Reich gegenüber der Aufhebung des Sperrgesetzes geleistete Widerstand in die gegen-
teilige Meinung verkehrt. Die Länder dagegen hielten gegenüber der
Kommunalbeamtenbesoldung vielfach an dem Grundsatz fest, daß sie
nicht höher sein dürfe als die der Landesbeamten. So hat z. B. Preußen
in das 1927 geschaffene Besoldungsgesetz eine entsprechende Bestimmung
aufgenommen, die auch das Verfahren zur Durchführung dieses Grundsatzes regelt. Und als schließlich mit der steigenden Wirtschafts- und
Finanznot die Besoldungskürzungen einsetzten, wurde nicht nur die Angleichung der Kommunalbeamtenbesoldung an die der Länder mit er-
höhtem Nachdruck betrieben, sondern man zwang auch die Länder und
Gemeinden zur Durchführung derselben Kürzungen, wie sie durch das
Reich an den Bezügen seiner Beamten vorgenommen wurden. In der
Notverordnung vom 5. Juni 1931 endlich lebte in Gestalt sogenannter
Angleichungsvorschriften das alte Besoldungssperrgesetz wieder auf. Es
wurde bestimmt, daß Länder und Gemeinden die Bezüge ihrer Beamten
herabsetzen müßten, soweit sie höher lagen als die Dienstbezüge gleichzubewertender Reichsbeamten. Das Verfahren zur Durchführung dieser
Bestimmung jedoch wurde gegenüber dem Besoldungssperrgesetz erheblich vereinfacht. Es gibt kein Schiedsgericht mehr. Die Aufsichtsbehörde
(gegenüber den Ländern der Reichsfinanzminister, gegenüber den Gemeinden und den der Landesaufsicht unterstehenden Körperschaften des
öffentlichen Rechts der Finanzminister des Landes) kann von sich aus
die Angleichung verlangen. Wenn sie nicht durchgeführt wird, setzt der
Minister selbständig mit unmittelbarer Rechtswirkung die Besoldung für
das Land bzw. die Gemeinde fest. Auf diese Weise ist neuerdings wieder

ein starker Zentralismus in das Besoldungswesen der Beamten hinein-
gebracht worden. Die Durchführung der Angleichung hat zu zahlreichen
und zum großen Teil sehr weitgehenden Verschlechterungen in der Einreihung, besonders bei den Gemeindebeamten, geführt, ohne daß in vielen
Fällen, besonders angesichts der auch 1927 anerkannten Verschiedenartigkeit der Aufgabenkreise, ihre Berechtigung von allen Beteiligten ohne
weiteres anerkannt würde. Die ganze Maßnahme ist jedenfalls in erster
Linie als ein Ausdruck der großen Finanznot zu werten. Sie wird jedoch
ohne Zweifel ihre Einwirkung auch auf die spätere Entwicklung der
Beamtenbesoldung haben und in besseren Zeiten dazu führen, daß auch
bei etwaigen Besoldungserhöhungen die Beamtenschaft das Verlangen
nach Vereinheitlichung verstärkt geltend macht. Man kann daher sagen,
daß sich der Gedanke der Einheitlichkeit auch, abgesehen von der heutigen
rückläufigen Periode, ziemlich allgemein durchgesetzt hat.

2. „Gleiche Leistung — gleiche Bezahlung"

Eine weitere grundsätzliche Frage der Besoldungspolitik ist die, nach
welchem Maßstab die Höhe der Besoldung der Beamten zu bemessen,
insbesondere wie die relativen Unterschiede der Gruppen untereinander
festzulegen sind. Der von den Beamten in der Hauptsache vertretene
Grundsatz: Gleiche Leistung, gleiche Bezahlung, würde zunächst die Einreihung der Beamten in die Besoldungsordnung nach den Merkmalen ihrer
Tätigkeit zur Voraussetzung haben. Daß dies jedoch nicht durchweg
zutrifft, ist oben ausgeführt. Das Stellenprinzip, das im Gegensatz zum
Leistungsprinzip zur Anwendung kommt, hat allerdings auch seinerseits
in gewissem Umfange das Bestreben, Beamte mit gleichartiger Tätigkeit
gleich zu besolden. Soweit ihm dies gelingt, ist Voraussetzung dafür, daß
die Stellen einigermaßen gegeneinander abgegrenzt sind. Wo dies der
Fall ist, wird auch die Gleichheit der Besoldung ziemlich zufrieden-
stellend in Erscheinung treten. Zum Teil beruht die Rangierung der Stellen
auf einer sogenannten Dienstpostenbewertung. Hierbei hat man den Um-
kreis von Geschäften, der jeweils ein Amt ausmacht, d. h. also die einzelnen Dienstposten, auf die von ihnen umfaßten Tätigkeiten und Amtsgeschäfte genau untersucht, gleichartige zusammengefaßt, die verschiedenen Gruppen gegeneinander abgegrenzt und so eine einigermaßen
sichere Grundlage für die Bewertung gefunden. Jedoch ist eine solche
Dienstpostenbewertung keineswegs allgemein durchgeführt; sie läßt sich
auch bei vielen Dienstzweigen gar nicht erreichen. Gerade da, wo sie nicht
möglich ist, wo vielmehr die einzelnen Dienstgeschäfte stark ineinander
übergreifen, die Ämter keine sehr scharfe Abgrenzung aufweisen, ist
natürlich auch die Zahl der Einzelfälle besonders groß, in denen der

Grundsatz „gleiche Leistung — gleiche Bezahlung" am wenigsten zur Verwirklichung kommt. Zusammenfassend kann gesagt werden, daß die Besoldungsordnung in ihrer Anwendung zwar das Bestreben hat, diesen Grundsatz so weit wie möglich durchzuführen, daß jedoch das Besoldungsrecht besondere Handhaben zur Sicherstellung einer Verwirklichung dieses Prinzips nur in schwachem Maße ausgebildet hat.

Eine weitere Frage ist die, ob Beamte einer Kategorie, die im wesentlichen dieselbe Vorbildung, denselben Werdegang, dieselbe Laufbahn und im wesentlichen gleichwertige Dienstgeschäfte zu verrichten haben, gleich zu besolden seien oder ob etwa einzelne Ämter, die sich durch besondere Schwierigkeit oder Verantwortlichkeit oder durch besonders starke Inanspruchnahme ihrer Inhaber auszeichnen, durch höhere Besoldung herausgehoben werden sollen. Die große Masse der Beamtenschaft neigt in dieser Frage dem sogenannten Einheitssystem zu, das durch die Besoldungsordnung von 1920 zum großen Teil verwirklicht wurde, während die Verwaltungen das Zulagesystem bevorzugen, das die Möglichkeit bietet, einzelne wenige Beamte herauszuheben. Diese Heraushebung ist zu unterscheiden von der durch Beförderung zu erreichenden höheren Eingruppierung, die nur beim Wechsel der Dienststelle, also beim Übergang in eine Kategorie möglich ist, die an sich, eben als Kategorie, höher bewertet wird. Vielmehr kommen hier diejenigen Stellen in Frage, deren Inhaber gewissermaßen als primus inter pares im wesentlichen dieselben Dienstverrichtungen ausübt wie seine in der Besoldungsordnung gleichgestellten Kollegen, der aber entweder gewisse Aufsichtsbefugnisse besitzt, eine Art Vertrauensposten einnimmt oder sich sonst in irgendeiner Weise aus der Masse der Übrigen in seiner dienstlichen Stellung heraushebt. Die Entwicklung ist unzweifelhaft den Weg gegangen, diese Verhältnisse mehr zu berücksichtigen, als dies zu Zeiten der Fall war. Während man im Reiche mit der praktischen Anwendung des Zulagesystems noch verhältnismäßig zögernd vorging, hat in einigen Ländern das Zulagewesen seit 1927 wieder einen ziemlich großen Umfang angenommen. Freilich boten die Zulagen auch bei der Besoldungskürzung eine bequeme Gelegenheit, um neben der allgemeinen Senkung der Gehälter Sonderkürzungen vorzunehmen, die allerdings nachträglich die Richtigkeit der seinerzeit zur Einführung der Zulagen angegebenen Gründe wieder zweifelhaft erscheinen lassen.

Die Frage, ob der Beamte nach seiner Amtsbezeichnung besoldet werden soll oder nach seiner Tätigkeit, eine Frage, die früher eine gewisse Rolle spielte, hat seit der Besoldungsreform von 1927 ihre Bedeutung verloren. Während das Besoldungsgesetz von 1920 auch die Amtsbezeichnungen der Beamten regelte, überließ das Besoldungsgesetz von 1927 diese Frage der Zuständigkeit des Reichspräsidenten. Hiermit ist zwar nicht jeder Zusammenhang zwischen Höhe der Besoldung und Amtsbezeichnung aufgehoben, denn nach wie vor werden die Beamten in den einzelnen Besoldungsgruppen nach ihrer Amtsbezeichnung aufgeführt; da aber das Stellenprinzip herrscht, dürfte es auch jetzt unmöglich sein, daß durch einfache Verleihung von Amtsbezeichnungen Einreihung und damit Besoldung irgendeiner Beamtengruppe beeinflußt oder geändert wird. Es kann also nicht die Amtsbezeichnung die Besoldung bestimmen, sondern umgekehrt wird vielmehr die mit einem Amte, das dem Beamten verliehen ist, verbundene Besoldung auch die Verleihung der entsprechenden Amtsbezeichnung in der Regel nach sich ziehen.

Es entspricht einem Grundsatz des Beamtenrechts, daß dem Beamten die Versetzung in ein geringerwertiges Amt, also in ein Amt mit niedrigeren Bezügen als die, die er jeweils hat, nicht zugemutet werden kann. Da es sich jedoch im Zuge der Verwaltungsvereinfachung vielfach als notwendig erwies, die Zahl der höher bewerteten Ämter zu verringern, wurden neuerdings in einigen Ländern und bei der Reichsbahn auch Bestimmungen geschaffen, wonach sich die Beamten die Verwendung in einem Amte, das an sich mit einer geringeren Besoldung ausgestattet ist, gefallen lassen müssen. Jedoch ist den Beamten, soweit man solche Vorschriften geschaffen hat, für diesen Fall stets die Beibehaltung ihrer bisherigen Amtsbezeichnung und der Bezug der Besoldung zugesichert, der dem bisher von ihnen bekleideten Amte entspricht. Hierin drückt sich, wenn man so will, in gewissem Sinne doch aus, daß die Beamtenbesoldung und ihr Aufbau in den Besoldungsgruppen so etwas wie eine Art Rangordnung enthält. Wenn ein Angestellter seinen Posten verliert und eine geringer bezahlte Stelle übernehmen muß, wird niemand auf den Gedanken kommen, ihm die höhere, früher von ihm bezogene Besoldung zuzusichern. Im Beamtenverhältnis dagegen gehört diese Zusicherung zu den wichtigsten Rechten. Sie ist auch ein Ausfluß davon, daß der Grundsatz der Bezahlung nach Leistung nicht voll zur Auswirkung gelangt.

3. Beförderung und Aufstieg

Mehrfach ist schon darauf hingewiesen, daß der Aufstieg der Beamten in höhere Besoldungsgruppen seit der Reform von 1927 grundsätzlich nur beim Wechsel der Tätigkeit, also bei Beförderung in ein anderes Amt, vor sich gehen kann. Selbstverständlich setzt die Beförderung die Anerkennung der erforderlichen Qualifikation durch die Behörde voraus. Insofern kann man sagen, daß der Aufstieg durch höhere Leistungsfähigkeit bewirkt werden kann. Da jedoch, ganz abgesehen von anderen Faktoren, wie z. B. persönlichen Einflüssen usw., die Möglichkeit, Beamte zu befördern, von einer großen Zahl sonstiger Bedingungen (wie: Anzahl der vorhandenen Beförderungsstellen, Freiwerden von vorhandenen Beförderungsstellen u. a. m.) abhängt, bietet auch die anerkannte Qualifikation keinerlei Gewähr für Beförderung. Wird man also im allgemeinen sagen dürfen, daß nur befähigte Beamte in höhere Stellen gelangen, so ist doch andererseits die Verwendung nach der besonderen Befähigung des einzelnen kein Grundsatz, der im Besoldungswesen deutlich zum Ausdruck käme.

4. Leistungsentgelt oder Alimentation

Es bleibt noch übrig, die Frage nach dem wirtschaftlichen Charakter der Beamtenbesoldung kurz zu streifen. Nach all dem Gesagten ist eigentlich schon klar, wie die amtliche Auffassung und die Theorie in Wissenschaft und Rechtsprechung diese Frage lösen. Es war wohl nur ein unter dem Eindruck der damals etwas bewegten Zeiten zustande gekommener Schwächeanfall, als die Regierung in der Begründung zum Besoldungsgesetz 1920 die Ansicht vertrat, das Gehalt sei eine Abgeltung für die Leistung des Beamten. Es heißt da:

„In der Rechtsprechung und Staatsrechtslehre gehen die Meinungen über die Natur der Beamtenbesoldungen auseinander. Während die einen das Gehalt als reinen Arbeitslohn bezeichnen (Leistungstheorie), betrachten die anderen es als öffentlicht-rechtliche Gegenleistung dafür, daß der Beamte seine ganze Persönlichkeit in den Dienst des Staates stellt (Unterhaltstheorie). Auf die von den Vertretern beider Anschauungen vorgebrachten Gründe und Gegengründe soll hier nicht des näheren eingegangen werden, zumal der Streit nur theoretisch und fruchtlos ist. Soviel steht fest: jede der beiden Anschauungen löst für sich allein betrachtet und streng durchgeführt, Härten, Folgewidrigkeiten und Ungerechtigkeiten aus. Weder erscheint es angängig, den Beamten in der billigsten Kleinstadt in seinen Gesamtbezügen ebenso zu stellen wie den Beamten in der teuersten Großstadt, noch ist es auf der anderen Seite vertretbar, dem verheirateten Beamten mit zehn Kindern etwa zwölfmal oder auch nur sechsmal soviel zu gewähren wie dem unverheirateten Beamten. Nur eine gesunde Mischung beider Anschauungen, die Einseitigkeiten vermeidet, kann zu einem befriedigenden Ergebnis führen." . . . „Mit Unrecht wird von gewissen Seiten versucht, das System der Kinderzuschläge als einen Verstoß gegen die Leistungstheorie hinzustellen." . . . „Den Maßstab für die Einreihung der einzelnen Beamten in die geschaffenen Besoldungsgruppen soll die geforderte Leistung bilden."

In der Zwischenzeit ist der Meinungsstreit darüber, ob die Beamtenbesoldung Leistungsentgelt oder Alimentation sei, soweit amtliche Auffassungen in Frage kommen, allseits zugunsten der zweiten Meinung entschieden. Am besten wird wohl die herrschende Auffassung gekennzeichnet durch Wiedergabe zweier besonders bedeutsamer Auslassungen hierüber. So schreibt z. B. Ministerialrat Sölch, der Besoldungsreferent des Reichsfinanzministeriums, in seinem als maßgebend anerkannten Kommentar zum Reichsbesoldungsgesetz von 1927 folgendes:

„Die Dienstbezüge des Beamten sind keine Gegenleistung für die von ihm geleisteten amtlichen Dienste, sondern eine ihm für die Dauer seines Amtes gewährte Rente, die dazu bestimmt ist, ihm die Mittel zu seinem dem Amte entsprechenden standesgemäßen Unterhalt zu geben (RGZ. Bd. 38 S. 320). Der Beamte wird demgemäß nicht nach einer Stundenleistung bezahlt, sein Arbeitsmaß ist auch nicht auf eine bestimmte Stundenzahl beschränkt, sondern er hat grundsätzlich seine ganze Arbeitskraft in den Dienst des Reichs (oder seines sonstigen öffentlichen Arbeitgebers) zu stellen. Diese ‚Unterhaltungstheorie‘ (Gegensatz: ‚Lohntheorie‘) wird gestützt durch die Tatsache, daß auch der in den einstweiligen Ruhestand versetzte Beamte (der ein Beamter ohne Amt ist), sowie der in den dauernden Ruhestand versetzte Beamte, sogar die Witwe und (bis zu einem gewissen Lebensalter) die Kinder des Beamten eine Unterhaltsrente in Gestalt von Wartegeld, Ruhegeld, Witwen- und Waisengeld erhalten, obwohl diesen Bezügen keine Leistungen gegenüberstehen. Auch die Gewährung von Kinderzuschlägen (§ 14) und die Berücksichtigung des Familienstandes bei Bemessung des Wohnungsgeldzuschusses (§ 9 Abs. 4, § 10) sprechen für diese Anschauung."

Ferner seien folgende Abschnitte aus Reichsgerichtsurteilen zitiert:

„Das Berufsbeamtentum besteht darin, daß der Beamte kraft eines einseitigen Staatshoheitsaktes in ein dauerndes, nicht kündbares Lebens- und Rechtsverhältnis zum Staate tritt, kraft dessen er seine ganzen Kräfte in dessen Dienst zu stellen hat, solange er dazu fähig ist, wogegen der Staat die Verpflichtung übernimmt, ihm den standesgemäßen Unterhalt für sich und seine Familie zu gewähren, und zwar zunächst in Gestalt des vollen Stellendiensteinkommens, später aber, wenn er keine Dienste mehr leistet, des Ruhegehalts" (RGZ. Bd. 104 S. 61). — „Nach allgemeinen Grundsätzen ist das Gehalt des Beamten keine Entlohnung für einzelne Dienstleistungen, sondern eine ihm für die Dauer seines Amts zugebilligte, für den standesgemäßen Unterhalt bestimmte Rente. Der Anspruch des Beamten auf Zahlung des Gehalts kann deshalb nicht dadurch beeinträchtigt werden, daß er mit Wissen und Willen der Behörde zeitweise keinen Dienst leistet" (RGZ. Bd. 96 S. 87).

Da die verschiedenartige Bemessung der Besoldung in den einzelnen Gruppen einer ganz allgemein aufgefaßten Alimentationstheorie zunächst widerspricht, wird die Konstruktion des standesgemäßen Unterhalts zu Hilfe genommen. Die Höhe der standesgemäßen Lebenshaltung ist dann bei den einzelnen Beamtenkategorien verschieden, je nach der gesellschaftlichen Bewertung des Amtes, das sie versehen und nach der sozialen Herkunft, die sie im allgemeinen haben. Auf diesem Wege kommt die Vorbildung, die für den Zugang zu den einzelnen Laufbahnen gefordert wird, zu einer besonderen Bedeutung im Besoldungswesen. Allgemeine gesellschaftliche und soziale Kategorien, die in der Auffassung eines noch immer zahlenmäßig überwiegenden Teiles des Volkes Geltung haben, werden der Interpretation des Begriffs „standesgemäßer Unterhalt" in der Beamtenbesoldung zugrunde gelegt. Es erscheint wohl nicht notwendig, dies an einzelnen Beispielen zu erläutern. Von dem so gewonnenen Standpunkte aus jedoch ergeben sich dann verhältnismäßig zwanglos Vergleiche zwischen den einzelnen Gruppen von Beamten und bestimmten sozialen Schichten. Der im freien Erwerbsleben stehende Staatsbürger, seine wirtschaftliche und soziale Lage ist daher mitbestimmend für die besoldungsmäßige Einteilung der Beamten, für den Gruppenaufbau und für die Bemessung der Bezüge in den einzelnen Gruppen. Auf diesem

Wege kommt aber noch ein weiterer Faktor zu der ihm gebührenden
Geltung. Innerhalb des jeweils gegebenen relativen Aufbaus der sozialen Schichten und der Lage ihres wirtschaftlichen Standortes wird
dessen absolute Höhe bestimmt durch das allgemeine wirtschaftliche
Niveau und die Höhe, die es, über das ganze der Volkswirtschaft gesehen,
zu gegebener Zeit besitzt. Die relative Anpassung der Beamtengruppen
hieran bedeutet also gleichzeitig die Eingliederung ihrer Besoldung in
den Rahmen der Situation, in der sich die allgemeine Wirtschaft befindet. Und da deren Lage sich jeweils und besonders stark in der heutigen
Zeit in der Lage der Staatsfinanzen widerspiegelt, hat auf diese Weise
auch deren Stand unmittelbarsten Einfluß auf die Beamtenbesoldung.
Dies zeigt sich besonders deutlich bei den Gehaltskürzungen der letzten
Jahre. Liegt aber in der sozialen Struktur des Volkes ein Maßstab, der
bei Bemessung der Beamtenbesoldung zur Anwendung kommt, so bleibt
immer noch ein gewisser Spielraum für die Entscheidung darüber, wie
dieser Maßstab bei der Beamtenschaft angelegt wird. Man kann die Beamtenschaft als Ganzes in die Skala des sozialen Aufbaus tiefer oder
höher einreihen, man kann der Beamtenschaft ihren Standort auf der sozialen Stufenleiter auf einer höheren oder einer tieferen Sprosse zuweisen.
Die Entscheidung dieser Frage wird abhängen von der Bewertung, die die
Beamtenschaft als Ganzes in der öffentlichen Meinung genießt. Gegenwärtig steht sie nicht sehr hoch im Kurse, ein Umstand, der seine Ursache
nicht nur in der Einstellung der nichtbeamteten Kreise hat. Es ist auch
hier nicht der Ort, zu untersuchen, warum die Beamtenschaft die doch
bemerkenswert bessere Geltung, die sie z. B. im Jahre 1920 besaß, verloren hat. Jedenfalls glauben wir, daß die Entwicklung des Besoldungswesens gerade in der letzten Zeit einen deutlichen Beweis für die Wirk-
samkeit dieses Faktors geliefert hat. Wenn man dies anerkennt (und
die Anerkennung wird sich nicht wohl umgehen lassen), so wird man
auch, ohne in eine grundsätzliche Auseinandersetzung mit der sogenannten
Alimentationstheorie einzutreten, gleichzeitig doch zugeben müssen, daß
letzten Endes über die Gestaltung der Beamtenbesoldung doch die Bewertung entscheidet, die man allgemein der Stellung und der Funktion,
der Tätigkeit und Leistung der Beamtenschaft zuteil werden läßt.

VII. Die Besoldungskürzungen
der Jahre 1930 und 1931

Das Jahr 1930 brachte die ersten, mit den Erschütterungen der gesamten Weltwirtschaft zusammenhängenden größeren Zusammenbrüche
in der deutschen Wirtschaft und ein ungeahntes Anwachsen der Arbeits-

losigkeit, verbunden mit außerordentlichen Erhöhungen sozialer Ausgaben bei allen öffentlichen Körperschaften, bei gleichzeitigem Rückgang der Steuereinnahmen. Natürlich konnte die Beamtenschaft von den Auswirkungen dieser Vorgänge in der öffentlichen Finanzwirtschaft nicht unberührt bleiben. Die Beamtengehälter, die mit dem Besoldungsgesetz vom Herbst 1927 an die damaligen Wirtschaftsverhältnisse herangeführt worden waren, blieben bis zum August 1930 unverändert in Kraft. Aber schon die erste, durch die Ungunst der Zeitverhältnisse erzwungene Notverordnung des Reichspräsidenten „zur Behebung finanzieller, wirtschaftlicher und sozialer Notstände" vom 26. Juli 1930 brachte einen Eingriff in die Beamtenbesoldung. In Form einer „Reichshilfe der Personen des öffentlichen Dienstes" wurde den Beamten und Angestellten des Reichs, der Länder, Gemeinden, der Reichsbank, der Körperschaften des öffentlichen Rechts, der Reichsbahn usw., den Ruhegeld- und Wartegeldempfängern sowie den Hinterbliebenen mit Wirkung vom 1. September 1930 eine 2½%ige Kürzung ihrer Gesamtbezüge auferlegt. Nur jährliche Einkommen unter 2000 RM wurden von der Kürzung befreit, d. h. die Befreiung wurde nur für verschwindend wenige Beamte praktisch. Die Kürzung war bis 31. März 1931 befristet.

Jedoch wurde schon vor Ablauf der Geltungsfrist für die „Reichshilfe" am 1. Dezember 1930 in einer neuen „zur Sicherung von Wirtschaft und Finanzen" erlassenen Notverordnung des Reichs ein weiterer Gehaltsabbau durchgeführt. Er traf die Beamtenschaft schon härter, weil er, unter Wegfall der „Reichshilfe" die Beamtengehälter ab 1. Februar 1931 um insgesamt 6% der Bruttobezüge 1927 kürzte. Die Freigrenze wurde von 2000 RM jährlich auf 1500 RM herabgesetzt mit der Maßgabe, daß, wenn nach Durchführung der Kürzung ein Betrag von weniger als 1500 RM verbleiben würde, 1500 RM gewährt werden. Allgemein wurde also der Kreis der Befreiten stark eingeengt. Wie bei der vorhergehenden Regelung blieben auch diesmal Kinderzuschläge, Dienstaufwandsentschädigungen, Reisekosten und Tagegelder und ähnliche Bezüge von der Kürzung frei. Die aktiven Bezüge des Reichspräsidenten, des Reichskanzlers und der Reichsminister wurden anstatt um 6% um 20% gesenkt. Die Geltungsdauer der neuen Kürzung war bis zum 31. Januar 1934 befristet.

Die mit Riesenschritten fortschreitende Wirtschaftskrise machte diesen Termin bald wieder illusorisch. Trotz der bisherigen Abstriche an den persönlichen und sachlichen Ausgaben und der Einsparung von mehreren hundert Millionen Mark, sah sich die Reichsregierung im Frühsommer erneut vor die unabweisbare Notwendigkeit gestellt, einen weiteren Ausgleichsversuch vorzunehmen. Auch diesmal wurde die Beamtenschaft nicht verschont. Allerdings sah man von der gleichmäßigen prozentualen Belastung ab und ging zu einem gestaffelten Gehaltsabzug über. Vom 1. Juli 1931 ab wurden die Dienstbezüge erneut gekürzt, und zwar in der Sonderortsklasse und der Ortsklasse A bei Einkommen bis zu 3000 RM jährlich, unter Anrechnung der bisherigen Abzüge, um 10%, für weitere 3000 bis 6000 RM Gehalt um 11%, für 6000 bis 12000 RM um 12% und für die 12000 RM übersteigenden Gehaltsbeträge um 13% der am 1. Oktober 1927 in Geltung gewesenen Beträge. In den Ortsklassen B, C und D war der Abzug je 1% höher. Die Kürzung wurde einmal nach der Höhe des tatsächlichen Einkommens, dann nach der Zugehörigkeit zu verschiedenen Ortsklassen abgestuft. Die Durchführung des ersteren Grundsatzes stimmte mit den Bestrebungen starker Teile der organisierten Beamtenschaft überein, die eine sozialere Gestaltung der Gehaltseinbußen durch progressive Staffelung zum Ziele hatten. Leider hat diese von vielen Seiten für berechtigt gehaltene Auswirkung nicht eintreten können, weil in der gleichen Notverordnung der bisher monatlich 20 RM betragende Kinderzuschlag für das erste Kind um die Hälfte gekürzt worden ist. Das hat, wie aus nachstehenden Beispielen ersichtlich ist, die angestrebte sozialere Gestaltung des Gehaltsabbaues in ihr Gegenteil verkehrt, weil untere, also sozial schlechter gestellte Gruppen, in der Gesamtauswirkung prozentual stärker belastet werden als darüberliegende Einkommensstufen.

Auswirkungen der Gehaltskürzung ab 1. Juli 1931 in Ortsklasse S u. A

Gehalt + 240 RM Kinderzuschlag in RM	Gehaltskürzung nach der Notverordnung vom 5. Juni 1931 zusammen mit der 6%igen Kürzung vom Februar in RM	Resteinkommen ohne Steuerabzug RM	Betrag der Kürzung in Prozent des Einkommens
2 240	320	1 920	14,3
3 240	420	2 820	13,0
4 240	530	3 710	12,5
5 240	640	4 600	12,5
6 240	750	5 490	12,0
7 240	870	6 370	12,0
8 240	990	7 250	12,0
9 240	1 110	8 130	12,0
10 240	1 230	9 010	12,0
11 240	1 350	9 890	12,0
12 240	1 470	10 770	12,0
13 240	1 600	11 640	12,0
14 240	1 730	12 510	12,1

Die Länder, Gemeinden (Gemeindeverbände) und sonstigen Körperschaften des öffentlichen Rechts wurden verpflichtet, die Dienstbezüge ihrer Beamten herabzusetzen, soweit sie höher liegen als die vergleichbarer Reichsbeamten. Der Kreis der Körperschaften des öffentlichen Rechts ist wesentlich erweitert worden, es sind z. B. auch Anstalten, Vereine und Stiftungen des öffentlichen Rechts und solche Unternehmungen einbezogen, deren Gesellschaftskapital sich mit mehr als der Hälfte im Eigentum von Körperschaften des öffentlichen Rechts befindet.

Unverhältnismäßig stark wirken sich die Notverordnungsbestimmungen vom Juni 1931 auch auf diejenigen Beamten aus, die gleichzeitig Empfänger von Versorgungsbezügen sind. Durch die starke Herabsetzung der Anrechnungsgrenze gehen den Versorgungsberechtigten vielfach Beträge verloren, die bis 30% und mehr des Gesamteinkommens ausmachen. Hingegen sind die Soldaten der Wehrmacht bis zum Hauptmann einschließlich zwar nicht im Gesetzestext, wohl aber durch die nachträglich erlassenen Durchführungsbestimmungen weitgehend von den Gehaltskürzungen freigestellt. Ähnliche Regelungen sind für die Angehörigen der Schutzpolizei der Länder getroffen.

Aber auch die bis 1. Januar 1934 befristete Juni-Notverordnung 1931 genügte mit ihren Gehaltseinschränkungen noch nicht, um die öffentlichen Etats, im besonderen die der deutschen Länder, völlig auszugleichen. Deshalb ermächtigte der Reichspräsident durch Notverordnung vom 24. August 1931 die Landesregierungen, alle Maßnahmen, die zum Ausgleich der Haushalte von Ländern und Gemeinden erforderlich sind, eventuell auch unter Abweichung von dem bestehenden Landesrecht im Verordnungswege vorzuschreiben. Insbesondere konnten die Landesregierungen Bestimmung darüber treffen, in welcher Weise die Personalausgaben herabgesetzt werden müssen. Von dieser Ermächtigung haben alle Länder ausnahmslos Gebrauch gemacht.

Ein Teil der Länder hat zusätzliche Sonderkürzungen im Ausmaße von durchschnittlich 5 bis 7% bei seinen Landes- und Gemeindebeamten und Angestellten vorgenommen, andere sind insbesondere in den höheren Einkommensstufen wesentlich darüber hinausgegangen, wieder andere haben eine gleichmäßige prozentuale Kürzung überhaupt nicht eingeführt, sondern die Grundgehälter oder die Zulagen geändert. Außer diesen Verschlechterungen haben die Ländernotverordnungen vielfach die ledigen oder kinderlos verheirateten Beamten stärker belastet als die verheirateten Beamten mit Kindern. Fast allgemein haben die Länder eine Aufrückungssperre von 1 bis 2 Jahren verordnet, um für diese Zeit die höheren Bezüge einzusparen, gingen aber bald wieder von dieser Neuerung ab, als das Reich sie nicht zur gleichen Zeit zur Durchführung brachte. Andere Sparmaßnahmen bezogen sich auf die Herabsetzung der Diätarbezüge und die Kürzung der Dienstbezüge der Lehrer. Wieder andere Länder ver-

suchten Ersparnisse durch Änderungen im Auszahlungsmodus der Gehälter zu erzielen. So ging man in einem Land durch Hinausschiebung
des bisherigen Zahlungstermins um jeweils drei weitere Tage von Monat
zu Monat von der Vorauszahlung der Bezüge zur nachträglichen Zahlung
über. Alle diese sicherlich noch vor wenigen Jahren undenkbar gewesenen
Versuche, auf jede erdenkliche Weise Einsparungen zu machen, sind
verursacht durch die große öffentliche Finanznot.

Im Reiche dagegen hat man sich von ähnlichen Experimenten frei-
gehalten und nur die Dienstbezüge als solche gekürzt. Allerdings ist auch
im Reich durch die in Verfolg der krisenhaften Weiterentwicklung der
wirtschaftlichen Verhältnisse stark absinkenden Steuereinnahmen eine
neue Notverordnung nicht zu umgehen gewesen. Sie ist mit Datum vom
8. Dezember 1931 erlassen und hat eine allgemeine Gehaltskürzung für
Reich, Länder und Gemeinden usw. um weitere 9% der Oktoberbezüge
1927 gebracht. Diese 9%ige Kürzung tritt zu den bestehenden Reichs-
kürzungen hinzu, so daß mit Wirkung vom 1. Januar 1932 Gehaltsbeträge zur Auszahlung gelangen, die in der Sonderortsklasse und in
Ortsklasse A gestaffelt 19% bis zirka 22%, in den Ortsklassen B, C und
D 20% bis zirka 23% unter den Dienstbezügen vom Oktober 1927
liegen.

Es werden also ab 1. Januar 1932 gekürzt:

bei einem jährlichen Einkommen	in der Sonderortsklasse und Ortsklasse A	in den Ortsklassen B, C und D
die Gehälter bis 3000 RM	um 19 %	um 20 %
weitere 3000 — 6000 RM	,, 20 %	,, 21 %
weitere 6000 — 12 000 RM ...	,, 21 %	,, 22 %
Gehaltsbeträge übor 12 000 RM .	,, 22 %	,, 23 %

Eine Freigrenze ist nicht vorgesehen, so daß alle, auch die allernied-
rigsten Einkommen zu dieser neuen Gehaltskürzung herangezogen werden.

Die Auswirkung der Gehaltsherabsetzungen der Jahre 1930 und 1931
für einige Besoldungsgruppen ist aus nachfolgender Tabelle (S. 81) zu
ersehen.

In der Gesamtauswirkung zeigt sich also gegenüber dem Stande vom
Oktober 1927 eine durchschnittliche Gehaltseinbuße von 20% bis 21%,
womit die Beamtengehälter auf das Niveau vom Dezember 1924 zurück-
gedrückt worden sind. Die Kürzung um 20 % bzw. 21% bezieht sich aber
lediglich auf das Nominaleinkommen. Wie sich die Kürzung auf die Kaufkraft auswirkt, ist an anderer Stelle zur Darstellung gebracht.

Auswirkung der Gehaltskürzungen ab 1. Januar 1932

(Nominalgehalt eines verheirateten Beamten
in der Sonderortsklasse mit $1^1/_2$ Kinderzuschlägen im Anfangs- und Endgehalt)

Dienstbezeichnung und Besoldungsgruppe	Nominalbezüge Oktober 1927	Nominalbezüge Januar 1932	Januarbezüge 1932 als Prozentteile von Oktober 1927
Schaffner (A 11) . . {A {E	208,— 285,35	164,18 226,82	78,9 79,5
Assistent (A 8 a) . . {A {E	268,65 327,—	213,37 260,10	79,5 79,5
Obersekretär (A 4 c) {A {E	335,35 542,50	266,82 432,42	79,6 79,7
Reg.-Rat (A 2 c) . . {A {E	526,— 862,—	419,30 684,78	79,7 79,4
Min.-Rat (A 1) . . {A {E	962,— 1 348,—	763,78 1 065,54	79,3 79,0
Min.-Direktor (B 5) .	1 840,—	1 449,30	78,7

VIII. Der Rechtsanspruch auf Besoldung

Auf das sich aus den Besoldungsgesetzen und ihren etwaigen gesetzlichen Änderungen ergebende Diensteinkommen hat jeder Beamte einen
(klagbaren) Rechtsanspruch, mithin auch auf das sich hieraus ergebende
Steigen des Grundgehalts oder seiner Zuschläge bei Erreichung der jeweiligen Dienstaltersstufe. Die auf Grund der Besoldungsregelungen er-
wachsenen Gehaltsansprüche stellen wohlerworbene Beamtenrechte dar.
Sie werden durch die in Art. 129 Abs. 1 der Reichsverfassung garantierte
Unverletzlichkeit der wohlerworbenen Rechte der Beamten in dem einmal
gegebenen Bestande geschützt. Das uneingeschränkt gewährte Gehalt stellt
also als einmal erworbener, subjektiver, öffentlich-rechtlicher Anspruch
in voller Höhe ein wohlerworbenes Recht dar. Der Beamte hat demnach
nicht etwa nur einen Anspruch auf Gehalt überhaupt[3], während die Höhe
der Abänderung durch Gesetze schlechthin vorbehalten bleibt; auch ist
eine unwesentliche Schmälerung der Beamtenbezüge nicht schon um des-
willen zulässig, weil nur solche subjektiven Beamtenrechte geschützt
seien, die dem Beamtenverhältnis wesentlich sind, und zu diesen nur der
Anspruch auf Gewährung eines standesgemäßen Unterhalts gehöre[4]. Eine

---

[3] So die Äußerung des Regierungsvertreters bei der Beratung des RBesG. vom
16. Dezember 1927 vor dem Reichsrat.

[4] Durch Urteil vom 10. Juli 1931 (III 149/30) hat das Reichsgericht diesen vom
Reichsfinanzhof in seiner Entscheidung vom 25. März 1931 (VI A 2253/30) ein-
genommenen Standpunkt abgelehnt. Gleichzeitig hat das Reichsgericht gegenüber der im
Zusammenhang mit den Gehaltskürzungen viel erörterten Lehre von der nur „in-

Pflicht der Beamtenschaft, eine gewisse Schmälerung der uneingeschränkt
zugesicherten Besoldung in Rücksicht auf die Staatsnotwendigkeiten zu
tragen, ist dem geltenden Recht ebensowenig zu entnehmen, wie ein
Recht des Staates zu etwaigen durch einen Staatsnotstand veranlaßten
„überverfassungsrechtlichen" Eingriffen[5]. Werden aber durch ein Gesetz
Beamtenrechte nur mit einer gewissen Beschränkung gewährt, so gelten
sie auch nur mit dieser ihnen innewohnenden Beschränkung als wohlerworbene. Im Hinblick auf den Schutz, den Art. 129 RVerf. vorbehalt-
los gegebenen Beamtenrechten gewährt, ist denn auch in die Reichs-
besoldungsgesetzgebung schon im Jahre 1920 — und ihr folgend in die
überwiegende Mehrzahl der landesgesetzlichen Besoldungsregelungen —
ein Vorbehalt späterer Änderung der durch diese Gesetze festgelegten
Bezüge eingefügt worden. Danach können Änderungen der Dienstbezüge, Wartegelder, Ruhegehälter, Hinterbliebenenbezüge und Versorgungsgebührnisse, ebenso Änderungen der Einreihung der Beamten
in die Gruppen der Besoldungsordnungen durch (einfaches) Gesetz er-
folgen[6]. Diese Vorbehaltsbestimmungen enthalten hinsichtlich der Befugnis, die Besoldungssätze herabzusetzen oder ihre Berechnungsart zu
ändern, keinerlei Einschränkungen. Es müßte somit bei unbeschränkter
Gültigkeit dieser Vorbehalte rechtlich zulässig sein, den nach der Einfügung dieser Bestimmungen angestellten Beamten die Gehälter auf das
Existenzminimum und darunter zu senken und die Versorgungsbezüge
zu entziehen. Der dem späteren Gesetzgeber durch die Vorbehaltsklausel
verliehenen Befugnis sind aber ihrerseits wiederum durch Art. 129 RVerf.
Grenzen gezogen[7]. Zu den allgemeinen wohlerworbenen Beamtenrechten

stitutionellen" Garantie des Art. 129 Abs. 1 (führend vertreten von Prof. Carl
Schmitt) ausgesprochen, daß der Umstand, daß die Verfassung in Art. 129 das Berufsbeamtentum als solches schützen, mithin eine sogenannte institutionelle Garantie schaffen
wollte, nicht dazu herangezogen werden könnte, um den Kreis und Inhalt der einzelnen,
jedem Beamten als unverletzlich verliehenen Rechte enger zu ziehen.

[5] Hierfür kommen, abgesehen von der Ermächtigung durch verfassungsänderndes
Gesetz (Art. 76 RVerf.), nur die in Art. 48 Abs. 2 RVerf. vorgesehenen Maßnahmen
in Betracht. Die vorübergehende Außerkraftsetzung von Grundrechten erstreckt sich aber
nicht auf Art. 129 RVerf.

[6] Maßnahmen, die keines verfassungsändernden Gesetzes bedürfen, können aber durch
„Notverordnungen" auf Grund des Art. 48 Abs. 2 RVerf. gemäß einem jüngst wieder
durch den Staatsgerichtshof für das Deutsche Reich gebilligten quasi „Ge-
wohnheitsrecht" getroffen werden. — Wäre übrigens der Vorbehalt gesetzlicher Ände-
rungsmöglichkeit selbstverständlich, stünde dem Gesetzgeber eine dahingehende Befugnis
also ohnehin zu, so hätte es keiner besonderen gesetzlichen Bestimmung bedurft, um
etwaige dem Staat nachteilige Folgen des Art. 129 Abs. 1 RVerf. abzuwenden.

[7] Darüber, ob diese Vorbehaltsklauseln nicht im Hinblick auf Art. 129 RVerf. überhaupt rechtsungültig sind, besteht keine einheitliche Auffassung. Die herrschende Lehre
in der Literatur hat die Rechtsgültigkeit verneint; dieser Ansicht haben sich sehr be-
achtliche Stimmen oberster Gerichte angeschlossen. Die im Text vertretene Auffassung

gehört das Recht des Beamten auf die Eigenschaft als Beamter und insbesondere das Recht auf Belassung im Amte. Das aus dem Wesen des
Beamtentums sich ergebende Recht auf Aufrechterhaltung der Eigenschaft als Beamter wird verletzt, wenn die Grundlage des Rechts entzogen wird: wenn also die Vorbehaltsklausel Gehaltskürzungen in einem
Umfange ermöglichen würde, welche dem Beamten die Aufrechterhaltung
einer seiner Amtsstellung angepaßten standesgemäßen Lebensführung unmöglich machen. Bei deren Bemessung ist naturgemäß dem allgemeinen
Lebenszuschnitt, der Kaufkraft des Geldes und anderen volkswirtschaftlichen Momenten Rechnung zu tragen. Insoweit durch die Vorbehaltsklausel diese Grundlagen verletzt werden, tritt sie mit Art. 129 RVerf.
in Widerspruch. Im übrigen aber ist der Vorbehalt gültig[8]. Die Höhe des
Besoldungsanspruchs ergibt sich also aus den Besoldungsgesetzen und
deren gesetzlichen Änderungen, soweit diese Änderungen durch einen
gesetzlichen Vorbehalt gerechtfertigt[9] und unter Wahrung des standesgemäßen Unterhalts vorgenommen worden sind[10].

Obwohl in der Regel die Durchsetzung von Ansprüchen aus einem
öffentlich-rechtlichen Verhältnis im ordentlichen Rechtswege versagt ist,
steht für die vermögensrechtlichen Ansprüche der Beamten aus
ihrem Dienstverhältnis der ordentliche Rechtsweg offen. Durch die
Reichsverfassung (Art. 129 Abs. 1 Satz 4) ist dieser bis dahin nur beschränkt geltende Grundsatz unterschiedslos auf alle Beamten in Reich,
Ländern, Gemeinden usw. ausgedehnt worden. Es muß sich allerdings
um Rechtsansprüche handeln; bei bloßen Gnadenzuwendungen ist der
Rechtsweg ausgeschlossen. Allgemeiner Grundsatz des Beamtenrechts ist
weiterhin, daß die ordentlichen Gerichte erst dann angerufen werden

---

wird gestützt durch das grundsätzliche Urteil des Reichsgerichts (vgl. Anm. 4), das wohl
der künftigen Praxis zugrunde liegen wird und damit praktisch den Meinungsstreit ausgeräumt hat.

[8] Die Unterscheidung eines gültigen und eines ungültigen Teils der Vorbehaltsklausel
beruht auf einer allgemeinen Norm, die für das bürgerliche Recht in § 139 BGB. ihren
Ausdruck gefunden hat. Sie kann in der Praxis zu unüberwindlichen Schwierigkeiten
führen; sie setzt voraus, daß der Richter in jedem Einzelfalle zur Fällung eines Werturteils berufen wird. Die Gerichte erhalten also eine besondere Vollmacht zur Entscheidung über die (Noch-) Angemessenheit der Beamtenbezüge!

[9] Wo eine solche Klausel nicht vorhanden ist (z. B. im Lübeckschen BG.), kann eine
Herabsetzung der ziffermäßigen Höhe der Bezüge überhaupt nicht vorgenommen werden.
Sonst muß z. B. festgestellt werden, wann in den verschiedenen Ländern erstmalig ein
Gesetz mit und wann letztmalig vorher ein Gesetz ohne Vorbehaltsklausel erlassen
worden ist; eine Senkung unter die ziffernmäßigen Beträge des letzteren Gesetzes ist
unzulässig.

[10] Unter diesem Gesichtspunkt ist die neuerdings von Prof. Krückmann vertretene
Auffassung, die Gehaltsschuld des Staates sei eine unabänderliche „festbegrenzte
Summenschuld“ des Obligationenrechts, „starr, fest und keinen Zufälligkeiten unterworfen“, als juristisch abwegig und im übrigen wirklichkeitsfremd zu bezeichnen.

können, wenn der Beamte seine Ansprüche im Verwaltungswege bis zur höchsten Dienststelle hinauf vergeblich geltend gemacht hat. Der Klage im ordentlichen Rechtswege muß daher die Entscheidung des Verwaltungschefs vorhergehen[11]. Die Vorentscheidung der Behörde ist Prozeßvoraussetzung, fehlt die Vorentscheidung, so wird der Prozeß (allerdings noch nicht mit materieller Rechtskraft) abgewiesen[12]. Weiterhin ist die Klage im ordentlichen Rechtswege in allen Fällen an eine Ausschlußfrist von 6 Monaten gebunden; innerhalb dieser Frist seit Bekanntmachung der Entscheidung der Behörde muß bei Verlust des Klagerechts die Klage angestrengt werden. Im Prozeßverfahren selbst ist (die Klagen der Kommunal- und sonstigen mittelbaren Beamten ausgenommen) die Revision ohne Rücksicht auf die Beschwerdesumme zulässig; sie geht an das Reichsgericht. Dadurch wird die Einheit der Rechtsprechung in den wichtigen beamtenrechtlichen Fragen gewährleistet.

Ansprüche auf Rückstände von Diensteinkommen aller Art verjähren in 4 Jahren (§ 197 BGB.). Die Verjährungsfrist beginnt mit dem Schluß des Fälligkeitsjahres. Für Tagegelder, Umzugskosten und Reisekosten gilt (da sie kein Diensteinkommen sind) die gewöhnliche Verjährungsfrist von 30 Jahren.

Ansprüche auf Verzinsung und Schadenersatz bei verspäteter Gehalts- und Pensionszahlung sind ausgeschlossen. Nicht ausgeschlossen ist dadurch jedoch die Aufwertung.

Der Anspruch auf die Zahlung von Diensteinkommen, Wartegeld oder Ruhegehalt kann nur insoweit abgetreten, verpfändet oder sonst übertragen werden, als diese Bezüge der Beschlagnahme unterliegen[13]. Diese Bezüge sind nach der gegenwärtigen befristeten Regelung, soweit sie monatlich 195 RM nicht übersteigen, unpfändbar, von dem diesen Betrag übersteigenden Teil des Einkommens ist nur der dritte Teil der Pfändung unterworfen. Unbeschränkt pfändbar ist das Diensteinkommen jedoch, wenn die Pfändung wegen kraft Gesetzes zu entrichtender Unter-

---

[11] Für die Kommunalbeamten gilt in den meisten Ländern eine besondere, günstigere Regelung. Sie brauchen im Gegensatz zu den unmittelbaren Staatsbeamten vor der Klage im ordentlichen Rechtswege den Beschwerdeweg im Verwaltungsbeschlußverfahren nicht zu erschöpfen (vgl. § 7 Pr.Komm.B.G.).

[12] Die reichs- und landesgesetzlichen Vorschriften, welche die Erhebung der gerichtlichen Klage von der Vorentscheidung der Verwaltungsinstanz abhängig machen, stehen nach h. A. mit Art. 129 deshalb nicht in Widerspruch, weil sie die Beschreitung des Rechtsweges nur aufschieben, nicht ausschließen!

[13] Im Gegensatz zu der reichsgesetzlichen Regelung können die Besoldungen der preußischen Beamten überhaupt nicht abgetreten oder verpfändet werden. Diese als Fürsorge gedachte Bestimmung verfehlt aber in der Praxis ihren Zweck, da die Beamten genötigt sind, Schulden zu machen und gegen sich Vollstreckungstitel erwirken zu lassen, auf Grund deren sie dann gepfändet werden können.

haltsbeiträge erfolgt; erfolgt die Pfändung für ein uneheliches Kind, so muß dem Beamten aber so viel belassen werden, als er zum eigenen notdürftigen Unterhalt und zur Erfüllung seiner sonstigen gesetzlichen Unterhaltspflichten bedarf. Auch für die Aufrechnung einer Forderung (§ 394 BGB.) und für das Zurückbehaltungsrecht (§ 273 BGB.) gelten die gleichen Grundsätze und Einschränkungen, es sei denn, daß die Gegenforderung des Staates auf einer im Rahmen des Dienstverhältnisses begangenen vorsätzlichen unerlaubten Handlung beruht; hier würde eine Berufung auf das Aufrechnungsverbot gegen Treu und Glauben verstoßen. Unter bestimmten Ausnahmen von diesen Vorschriften zulässig ist die Abtretung von Beamtenbezügen zum Heimstättenbau und zum Erwerb von Eigenheimen (Heimstättengesetz vom 30. Juni 1927).

Mit Rücksicht auf den Charakter des Diensteinkommens[14] und die zwingende Rechtsnatur des Beamtenrechts ist ein Verzicht auf die Dienstbezüge unwirksam. Jedoch beginnt diese herrschende Auffassung unter dem Druck einer neuen, durch arbeitsmarktpolitische Erwägungen beeinflußten Praxis[15] allmählich einer gegenteiligen, auch früher schon vielfach vertretenen Auffassung zu weichen.

IX. Die Kaufkraft der Besoldung

Nicht nur wegen der mehrfachen Besoldungsänderungen, sondern auch in Verfolg der dauernden wirtschaftlichen Schwankungen hat sich die Kaufkraft der Gehälter oft gewandelt. Will man die Kaufkraftentwicklung aufzeigen, so geht man am besten auf den Stand 1913/14 zurück, weil die offizielle deutsche Lebenshaltungsindexberechnung dieses Datum ebenfalls zum Ausgangspunkt nimmt.

In erster Linie ist die Kaufkraft abhängig von der Höhe des jeweils bezogenen Diensteinkommens. Es soll deshalb untersucht werden, wie sich dieses Einkommen seit der Vorkriegszeit für verschiedene Beamtenkategorien geändert und wie sich vergleichsweise der Reichindex für die Lebenshaltungskosten entwickelt hat. Als markante Zeitpunkte sind der Dezember 1923, der die erste provisorische Regelung der Gehälter auf Goldbasis nach der Inflation brachte, der Dezember 1924 als Zeitpunkt einer weiteren Änderung, der Oktober 1927 als Einführungsmonat einer völlig neuen Besoldungsordnung, der Februar und Juli 1931 und der Januar 1932 als Daten der durch Reichsnotverordnung durchgeführten Gehaltskürzungen ausgewählt.

Nachfolgende Tabelle enthält die monatlichen Nominalgehälter ver-

---

14 Vgl. Abschn. VI, 3.
15 Vgl. Abschn. XI.

schiedener Besoldungsgruppen im Anfangs- und Endgehalt für einen verheirateten Beamten in der Sonderortsklasse mit 1 ½ Kinderzuschlägen,
ohne Berücksichtigung der Steuerbelastung. Für jeden Zeitpunkt ist auch
die entsprechende Indexziffer der Lebenshaltungskosten angegeben.

Die Entwicklung der Nominalgehälter von 1913/14 bis Januar 1932

(Verh. Beamter mit 1½ Kinderzuschlägen in der Sonderortsklasse)

Amtsbezeichnung	1913/14	Dez. 1923	Dez. 1924	Okt. 1927	Febr. 1931	Juli 1931	Januar 1932
Lebenshaltungsindex							
	100	142,2	135,4	150,2	138,8	137,4	130,1 (Dez. 31)
Nominalgehälter							
Schaffner (A 11) {A	140,—	94,75	167,50	208,—	197,32	180,20	164,18
{E	173,33	120,25	207,00	285,35	270,03	249,77	226,82
Assistent (8 a) . . {A	216,66	120,75	212,50	268,65	254,34	234,79	213,37
{E	366,67	152,75	262,—	327,—	309,18	286,83	260,10
Obersekretär (4 c) {A	216,66	159,25	283,50	335,35	317,03	294,27	266,82
{E	416,66	199,25	394,—	542,50	511,85	478,50	432,42
Reg.-Rat (2 c) . . {A	333,33	233,25	438,—	526,—	496,24	463,94	419,30
{E	658,33	299,25	628,50	862,—	812,08	759,66	684,78
Min.-Rat (1) . . . {A	806,66	361,75	711,—	962,—	906,08	847,66	763,78
{E	1140,—	461,75	1039,—	1348,—	1268,92	1184,16	1065,54
Min.-Direktor (B 5)	1574,16	607,—	1426,50	1840.—	1731,40	1612,20	1449,30

Wie schon der Vergleich der Absolutzahlen zeigt, ist der Verlauf der
Entwicklung nichts weniger als einheitlich. Die starke Schrumpfung der
Bezüge im Dezember 1923 erklärt sich aus der Tatsache, daß sie die
ersten Goldmarkbezüge nach der Inflation darstellen, die aus finanz-
und staatspolitischen Gesichtspunkten nur in dieser Höhe gezahlt werden
konnten. Auch von Regierung, Parlament und Öffentlichkeit wurden die
damaligen Beamteneinkommen als „Notgehälter" anerkannt. In den
späteren Entwicklungsstadien liegen die Gehälter mit den Nominal-
beträgen meistens über denen der Vorkriegszeit, sie sind aber nach Durchführung der Notverordnungskürzungen der Jahre 1930 und 1931 vielfach wieder unter diese Grenze gesunken. Dies wird deutlich aus
folgender Übersicht, die unter Zugrundelegung der vorhergehenden
Zahlenangaben das Nominaleinkommen als Prozentteil des Vorkriegs-
gehalts wiedergibt (1913/14 = 100 gesetzt):

Nominalgehälter in Prozenten des Vorkriegsgehalts
(1913/14 = 100)

Amtsbezeichnung	1913/14	Dez. 1923	Dez. 1924	Okt. 1927	Febr. 1931	Juli 1931	Januar 1932
				Lebenshaltungsindex			
	100	142,2	135,4	150,2	138,8	137,4	130,1 (Dez. 31)
				Nominalgehälter			
Schaffner (A 11) . {A	100	67,82	119,64	148,57	140,94	128,71	117,21
{E	100	69,37	119,40	164,62	155,85	144,10	130,91
Assistent (A 8a) . {A	100	55,73	98,07	123,99	117,39	108,36	98,48
{E	100	41,65	71,45	89,18	84,32	77,95	70,93
Obersekr. (A 4c) . {A	100	73,50	130,85	154,78	146,32	135,82	122,69
{E	100	47,82	94,56	130,20	122,84	114,84	103,78
Reg.-Rat (A 2c) . {A	100	60,81	128,40	157,80	148,86	139,18	125,79
{E	100	45,45	95,31	130,93	123,35	115,39	104,01
Min.-Rat (A 1) . . {A	100	44,84	88,14	119,25	112,07	105,08	94,68
{E	100	40,50	91,14	118,24	111,30	103,86	93,46
Min.-Direktor (B 5)	100	38,56	90,61	116,90	110,00	102,42	92,07

Danach lagen die Nominalgehälter im Dezember 1923 durchweg ganz erheblich unter dem Vorkriegsniveau. Ein großer Teil der Beamten hatte kaum mehr die Hälfte des Vorkriegseinkommens zu verzehren und nur vereinzelt wurden 70% des Friedensgehalts erreicht.

Im Dezember 1924 wurde das Vorkriegsgehalt im Nominalbetrag wieder überschritten. Mit 130,85% des Friedensgehalts schnitt die Eingangsstufe der Gruppe 4c am besten ab, erreichte aber noch nicht einmal den Lebenshaltungsindex von 135,4.

Die Besoldungsneuregelung im Oktober 1927 führte die Nominalgehälter stärker an den damaligen Lebenshaltungsindex von 150,2 heran, verschiedene Gruppen waren sogar über ihn hinaus gestiegen.

Die Kürzungen im Februar und Juli 1931 und im Januar 1932 eilten jedoch dem Fallen der Lebenshaltungsindexziffern wieder voraus, so daß am 1. Januar 1932 (allerdings im Vergleich zu dem zuletzt veröffentlichten Index Dezember 1931 von 130,1) keine Besoldungsgruppe mehr an den Reichsindex heranreicht, ja viele Besoldungsgruppen um 20, 30 und mehr Prozent hinter ihm zurückbleiben.

Den Überblick über die wirkliche Kaufkraft der Bezüge vermitteln aber erst die Zahlen folgender Zusammenstellung, welche die über den Lebenshaltungsindex berechneten Realgehälter in den einzelnen Zeitpunkten im Verhältnis zur Vorkriegszeit wiedergibt. Nur auf diesem Wege ist es möglich, ein richtiges Bild von der Kaufkraftentwicklung zu

geben, wenn auch zu beachten bleibt, daß die Lebenshaltungskosten des
Reichsindex nicht typisch für den Beamtenhaushalt sind, sondern hinter
ihm zurückbleiben.

Realgehälter in Indexmark in Prozenten des Vorkriegseinkommens
(Über den Index der Lebenshaltungskosten berechnet)

Amtsbezeichnung	1913/14	Dez. 1923	Dez. 1924	Okt. 1927	Febr. 1931	Juli 1931	Januar 1932
		Lebenshaltungskostenindex					
	100	142,2	135,4	150,2	138,8	137,4	130,1 (Dez. 31)
		Realgehälter in Indexmark					
Schaffner (A 11) . {A	100	47,69	88,36	98,91	101,54	93,67	90,08
{E	100	48,78	88,18	109,46	112,28	104,87	100,62
Assistent (A 8 a) . {A	100	39,19	72,43	82,54	84,57	78,08	75,69
{E	100	29,28	52,77	59,37	62,91	56,73	54,51
Obersekr. (A 4 c) . {A	100	51,68	96,56	103,00	105,41	98,85	94,30
{E	100	33,62	69,83	85,35	88,50	83,57	95,14
Reg.-Rat (A 2 c) . {A	100	42,76	94,83	105,05	107,26	101,28	96,68
{E	100	31,25	70,39	83,84	88,87	83,98	79,94
Min.-Rat (A 1) . . {A	100	31,53	65,17	79,39	80,74	76,47	72,75
{E	100	35,55	67,16	78,72	80,11	75,58	71,83
Min.-Direktor (B 5)	100	27,11	66,92	77,82	79,25	74,54	70,76

Der Schlußbetrachtung sei der Hinweis vorausgeschickt, daß die Vergleiche notgedrungen mit den tatsächlichen Vorkriegsgehältern durchgeführt werden mußten, obwohl auch diese bei vielen Beamtengruppen
keinesfalls als ausreichend bezeichnet werden konnten. Deshalb sind
unsere Schlußfolgerungen noch günstiger als die Wirklichkeit. Mit dieser
Einschränkung kann festgestellt werden, daß sich die Realgehälter im
Dezember 1923, von den unteren nach den höheren Besoldungsgruppen
abfallend, mit einer Ausnahme, sehr erheblich unter 50% der Vorkriegs-
einkommen bewegten. Die Regelung im Dezember 1924 verbesserte die
Kaufkraft der Beamten bedeutend, führte aber noch in keinem einzigen
Falle an die volle Friedenskaufkraft heran. In der Folgezeit, als die Gehälter stabil blieben, trat durch die Preissteigerung ein starkes Absinken
der Kaufkraft ein. Erst die Besoldungsordnung vom Oktober 1927 hob
vereinzelte Besoldungsgruppen auf das Vorkriegsniveau; es blieben aber
auch nach dieser Verbesserung große Teile der Beamtenschaft, insbesondere der mittleren Gruppen, noch erheblich unter dieser Grenze.
Da die Gehaltskürzungen vom Februar und Juli 1931 und Januar 1932
von den Oktobergehältern 1927 berechnet werden, der Lebenshaltungs-

index aber in derselben Zeit weniger stark sank, als die Gehälter prozentual
gekürzt worden sind, ergibt sich für den Anfang des Jahres 1932 eine
Kaufkraft, die, unter Zugrundelegung des zuletzt bekanntgegebenen
Lebenshaltungsindex von 130,1 (Dezember 1931) noch geringer ist als
die vom Oktober 1927. Erst wenn man, was in gewissem Umfange wohl
zutreffen wird, annimmt, daß der Lebenshaltungsindex bis zum 1. Januar
1932 ca. 10% sinken wird, würde die Kaufkraft vom Oktober 1927
wieder erreicht werden. Aber auch dann wird nicht zu bestreiten sein,
daß weiteste Beamtenkreise bei der augenblicklichen Bezahlung die Vor-
kriegskaufkraft nicht wieder erreicht haben.

Ohne näher darauf einzugehen, sei hier der Hinweis gestattet, daß die
Reichsindexziffer der Lebenshaltungskosten, obwohl sie bei allen der-
artigen Betrachtungen mit einer gewissen Selbstverständlichkeit Verwendung findet, keineswegs einen untrüglichen Maßstab abgibt. Die
Indexziffer ist eine theoretisch zusammengesetzte rechnerische Größe,
die in ihren Einzelteilen den tatsächlichen Verhältnissen nur in gewissem
Umfange entsprechen kann. Das zeigt sich immer wieder beim Vergleich
der Ergebnisse von praktisch durchgeführten Wirtschaftsrechnungen.
So sind die Ausgaben im Arbeiter-, Angestellten- und Beamtenhaushalt
auch in solchen Positionen, deren ungefähre Gleichheit man annehmen
könnte, grundverschieden. Es betragen z. B. nach den Veröffentlichungen
des Reichsstatistischen Amts über die im Jahre 1927 durchgeführte Erhebung die Ausgaben für Nahrungs- und Genußmittel bei Einkommen
bis 3000 RM jährlich beim Arbeiter 47,3%, beim Beamten nur 43,2%,
in der Einkommensgruppe 3000 bis 3600 RM 45,6% bzw. 40,9%, bei
Einkommen von 3600 bis 4300 RM 44,5% bzw. 39,6% usw., während
in dem bisher gültigen Indexschema für den Lebenshaltungsindex für
Ernährungsausgaben 56,1% eingesetzt sind. Auch diese Abweichungen,
die sich bei Gehaltskürzungen selbstverständlich besonders stark aus-
wirken, sind von nicht zu unterschätzender Bedeutung, wenn die Ver-
schiebung der Kaufkraft im Einzelfalle beurteilt werden soll.

X. Die Kosten der Besoldung

Die Personalausgaben stellen bei der Größe der öffentlichen Verwaltungen einen sehr erheblichen Teil der laufenden Ausgabeposten dar, deren
Entwicklung von den Verwaltungszentralen und von der Öffentlichkeit
mit lebhaftem Interesse verfolgt wird. Die zuverlässigsten Angaben über
die Ausgabenwirtschaft der öffentlichen Verwaltung sind in der offiziellen
Reichsfinanzstatistik enthalten. Die Untersuchung soll sich auf die persönlichen Kosten für die Beamten beschränken, d. h. auf die Ausgaben

für Gehälter der aktiven Beamten und für Pensions- bzw. Versorgungsbezüge der Beamten und ihrer Hinterbliebenen, unter Weglassung der
vielfach unter der Sammelbezeichnung „Personalkosten" ebenfalls aufgeführten Angestellten- und Arbeitervergütungen.

Für die Vorkriegszeit läßt sich allerdings der Grundsatz, nur reine Beamtenkosten darzustellen, deshalb nicht durchführen, weil keine detail-
lierten Zahlenangaben bekannt sind, und dort, wo sie existieren, wegen
der durch den Krieg herbeigeführten Veränderungen zu Vergleichszwecken nicht mehr verwendbar sind. Um aber doch einen ungefähren
Überblick über die Vorkriegsverhältnisse zu geben, entnehmen wir der
Reichsfinanzstatistik die Gesamtsumme der aktiven Gehälter und Pensionen für Beamte und Angestellte des Reichs, der Länder, Gemeinden
und Gemeindeverbände einschließlich der Wehrmacht in Höhe von
2214,3 Mill. RM. Zieht man hiervon die Wehrmachtkosten für Gehälter
und Vergütungen (328,4 Mill. RM) und für Pensionen (110,9 Mill. RM),
zusammen 439,3 Mill. RM, ab, so verbleiben als reine Beamtenausgaben
für die gesamte öffentliche Verwaltung *1774,9 Mill. RM*. Das sind bei
einer Gesamtausgabehöhe von 7482,3 Mill. RM aller Etats des Reichs,
der Länder und Gemeinden 23,7% Personalkosten für Beamte und Angestellte. Von dem Betrage von 1774,9 Mill. Mk. im Jahre 1913/14
entfallen auf das Reich (ohne Wehrmacht) 35,2 Mill. Mk., auf die Länder
851,75 Mill. Mk. und auf Gemeinden und Gemeindeverbände 887,94 Millionen Mark.

Die Ausgabe von 35,26 Mill. Mk. im Reiche dürfte sich im wesentlichen mit den Kosten für die aktiven und pensionierten Beamten decken,
da 1913/14 nur sehr wenig Angestellte in der Reichsverwaltung tätig
waren. Für die entsprechenden Ausgaben der Länder trifft diese Voraussetzung aber nicht zu, noch weniger für die in den Gemeinden; es lassen
sich darüber aber keine präzisen Angaben machen.

Auch für die Betriebsverwaltungen Reichspost und Reichsbahn ist man
auf Sammelzahlen angewiesen.

Die Reichspost hat 1913 für 229463 Beamte, 20634 Hilfskräfte
und 11707 Vertreter, zusammen 261804 Personen (ohne Telegraphen-
arbeiter) insgesamt 492,3 Mill. Mk. ausgegeben. Die Staatseisenbahnen
im Gebiete der heutigen Reichsbahn wiesen im Jahre 1912 für
287074 Beamte und 452775 Arbeiter Personalkosten von 1116 Mill.
Mk. aus.

Für die ersten Jahre nach Friedensschluß, ebenso für die Inflationszeit
sind brauchbare Vergleichszahlen über die Personalkosten in Reich, Ländern und Gemeinden nicht vorhanden. Erst seit einigen Jahren sind die
Länder und Gemeinden durch Reichsgesetz verpflichtet, ihre Etats, nach

bestimmten Gesichtspunkten gegliedert, dem Reichsstatistischen Amt als Grundlagen für die Reichsfinanzstatistik zur Verfügung zu stellen. Die offiziellen Zahlenangaben über die Einnahmen und Ausgaben der öffentlichen Verwaltung in Deutschland enthalten u. a. auch die persönlichen Ausgaben, unterteilt in Gehälter und Vergütungen, also die Bezüge der Beamten und Angestellten, und in Versorgungsgebührnisse (einschließlich Hinterbliebenenbezüge). Wenn auch die reinen Beamtenkosten in der folgenden Aufstellung nicht enthalten sind, geben wir sie doch wieder in der Überzeugung, daß sie einen guten Überblick über die Entwicklung der letzten Jahre vermitteln.

Entwicklung der persönlichen Ausgaben 1913/14 bis 1928/29
(ausschließlich Arbeiterlöhne, einschließlich Wehrmacht)

a) Gehälter und Vergütungen
b) Versorgungsgebührnisse und Hinterbliebenenbezüge

Rechnungsjahr		Reich	Länder (einschl. Hansestädte)	Gemeinden und Gemeindeverbände	insgesamt
		in 1000 RM			
1913/14 . .	a)	359 751	—	—	—
	b)	114 853	—	—	—
1925/26 . .	a)	612 574	1 559 811	1 401 501	3 573 886
	b)	128 777	360 509	222 739	732 025
1926/27 . .	a)	648 278	1 642 293	1 445 571	3 736 142
	b)	140 467	397 156	246 234	783 857
1927/28 . .	a)	729 638	1 812 939	1 639 951	4 182 526
	b)	160 038	450 717	261 762	872 517
1928/29 . .	a)	812 400	1 969 200	1 885 100	4 666 700
	b)	173 400	488 600	315 300	977 300

Danach sind die Personalausgaben in allen Verwaltungen seit 1925/26 ohne eine Ausnahme fortlaufend, 1928/29 insbesondere als Folge der Besoldungsreform von 1927, stark angestiegen.

Die zuletzt veröffentlichten amtlichen Statistiken über die Einnahmen und Ausgaben der öffentlichen Verwaltung in Deutschland beziehen sich auf den 31. März 1929. Sie enthalten u. a. auch genauere Angaben über die Personalkosten im Reich, den Ländern und Gemeinden. Da am 31. März 1929 noch keine Notverordnungskürzung vorlag, sind den Berechnungen die seit Oktober 1927 gültigen Besoldungen zugrunde gelegt. Nach dieser Besoldungsregelung bezogen die planmäßigen Beamten z. B. im Reich und bei der Reichspost nach dem Stande vom 1. Juli 1929 nachfolgende Durchschnittjahreseinkommen:

Durchschnittseinkommen der Beamten in den einzelnen Besoldungsgruppen

(Es sind die am 1. Juli 1929 bereits weggefallenen Besatzungszulagen und örtlichen Sonderzuschläge für das besetzte Gebiet noch in den Summen enthalten. — Das Durchschnittseinkommen ist aus den gesamten Besoldungsausgaben der jeweiligen Gruppe, geteilt durch die Anzahl der in dieser Besoldungsgruppe vorhandenen Beamten, errechnet)

Besoldungsgruppe	Durchschnittseinkommen jährlich		Prozentanteil der Ausgaben für die Besoldungsgruppe an den Gesamtpersonalausgaben	
	Reich RM	Reichspost RM	Reich %	Reichspost %
A 1 (Ministerialrat) .	14 900	15 200	1,88	0,15
A 2 a (Oberreg.-Rat). .	10 536	—	1,09	—
(bei Mittelbehörden)				
A 2 b (Oberreg.-Rat) .	11 264	11 430	3,11	1,72
A 2 c (Regierungsrat) .	8 890	9 640	7,64	1,65
A 2 d (Min.-Amtmann).	9 530	9 820	2,92	0,24
A 3 (Verw.-Amtmann)	8 240	8 340	1,79	0,81
A 4 a (Oberinspektor) .	6 200	—	1,53	—
(bei Mittelbehörden)				
A 4 b (Oberinspektor) .	6 800	5 130	9,23	4,35
A 4 c (Obersekretär). .	5 210	5 540	30,54	23,23
A 4 d (Sondergeprüfte Sekretäre)	5 310	5 290	5,88	2,84
A 5 a (Photograph) . .	5 470	4 430	0,04	0,21
A 5 b (Mi.-Kanzleisekr.)	5 130	4 210	0,84	0,01
A 5 c (Revierförster) .	4 130	—	0,02	—
A 6 (Oberwerkmeister)	4 380	3 420	0,37	0,50
A 7 (Sekretär)	4 090	3 960	13,60	4,87
A 8 a (Min.-Kanzleiass.)	3 350	3 490	13,98	10,22
A 8 b (Postass., weibl.).	—	2 510	—	8,49
A 9 (Kanzleiassist.) .	3 170	2 860	0,40	0,33
A 10 (Min.-Amtsgeh.) .	3 170	3 210	1,98	14,25
A 11 (Amtsgeh. bei nachgeordn. Behörden) .	2 820	2 810	2,01	25,38
A 12 (Hauswart, Heizer)	2 800	2 500	0,05	0,62
B 3 (Staatssekretäre) bis B 8 (Reichsger.-Räte)	19 540	18 340	1,10	0,13
			100,00	100,00

Aus der Tabelle läßt sich der Schluß ziehen, daß die Beamtendurchschnittseinkommen jährlich 2500 RM in den unteren Gruppen, bis zu 15 200 RM in den höchsten Gruppen der aufsteigenden Gehälter, und bis zu 19 540 RM in den Einzelgehältern (mit Ausnahme der Minister) betrugen. Die entsprechenden Bezüge für den Stand Januar 1932 liegen, unter Berücksichtigung des Wegfalls der in der Aufstellung noch enthaltenen Besatzungszulagen und örtlichen Sonderzulagen für das besetzte Gebiet und der Gehaltskürzungen, um ca. 23 bis 25% unter dem angegebenen Niveau. Auffällig und auf den ersten Blick unverständlich ist die unterschiedliche Durchschnittseinkommenhöhe in ein und derselben Besoldungsgruppe, weil im Reich und bei der Reichspost dasselbe Besoldungsgesetz gilt. Die Differenz ergibt sich aus der Zugehörigkeit zu den verschiedenen Dienstaltersstufen, die in jeder Gruppe anders liegt. Ist das Durchschnittseinkommen z. B. bei der Post wesentlich größer als in derselben Besoldungsgruppe beim Reich, so ist das Dienstalter der betreffenden Postbeamten im Durchschnitt höher, sie liegen näher am Endgehalt als die vergleichbaren Beamten im Reich.

Von Bedeutung für die Besoldungspolitik ist der Anteil der Ausgaben einer Besoldungsgruppe an den gesamten Personalkosten oder, mit anderen Worten, die Verteilung des Personals auf die verschiedenen Besoldungsgruppen. So liegt der Schwerpunkt im Reiche bei den Obersekretären der Besoldungsgruppe 4c und erst in zweiter Linie bei den Sekretären und Assistenten der Gruppen 7 und 8a. Bei der Reichspost ist die Masse der Beamten in der Schaffnerklasse, während die Obersekretäre zwar auch noch beinahe ein Viertel des Gesamtpersonals ausmachen, jedoch erst an zweiter Stelle rangieren. Bei irgendwelchen Reformen muß auf diese Verhältnisse natürlich Rücksicht genommen werden. Um nur ein Beispiel zu geben, würde selbst eine wesentliche Gehaltsaufbesserung der Besoldungsgruppen 9 bis 12 im Reiche eine kaum merkliche Mehrbelastung bringen, weil nur ein kleiner Kreis in Frage käme. Sollte dieselbe Verbesserung aber für dieselben Gruppen bei der Post Platz greifen, so würde das, da nahezu 40% des Personals aufgebessert werden müßte, den Besoldungsetat außerordentlich stark belasten.

Die Verteilung auf die Besoldungsgruppen in den Verwaltungen des Reichs, der Länder und Gemeinden usw. ist aus nachstehender Darstellung ersichtlich, allerdings für Beamte und Angestellte zusammengenommen (Tab. S. 94):

Daraus geht hervor, daß 74,1% aller Beamten im mittleren Dienst tätig sind, davon der größere Teil (40,9%) im gehobenen mittleren, der kleinere (33,2%) im einfachen mittleren Dienst. Auf die unteren Laufbahnen entfallen 13,8%, auf die höhere 12,1%.

Wie hoch sind nun die Gesamtpersonalausgaben für die Beamten im Reich, in den Ländern und Gemeinden nach dem neuesten Stand?

Als Ausgangspunkt für die Höhe der Gesamtpersonalausgaben für die Beamten in Reich, Ländern und Gemeinden nehmen wir die offiziellen Veröffentlichungen des Reichsstatistischen Amtes, und zwar nach dem Stande vom 31. März 1929 und für die Reichspost und Reichsbahn die Etatszahlen. Aus diesen Grundlagen, die die Ausgaben, berechnet nach den ursprünglichen Bestimmungen des Besoldungsgesetzes von 1927 ent-

Beamte und Angestellte nach Besoldungs- (Vergütungs-) Gruppen
am 31. März 1929

(Wirtschaft u. Statistik 1931, Nr. 23, S. 841)

Gebietskörperschaften	Feste Gehälter		A 1—A 2 c X u. höher		A 2 d—A 4 c VII—IX		A 4 d—A 9 IV—VI		A 10—A 12 I—III		Zu-sammen
	Zahl	%	Zahl	%	Zahl	%	Zahl	%	Zahl	%	Zahl
Reich (ohne Militär-personen)	323	0,3	8 305	6,7	41 741	34,0	61 192	49,8	11 340	9,2	122 901
Länder	468	0,1	52 945	13,9	115 482	30,2	133 615	35,0	79 654	20,8	382 164
Gemeinden	811	0,3	25 716	9,2	130 532	46,9	102 314	36,7	19 155	6,9	278 528
Ämter.	6	0,1	274	3,9	2 232	31,5	3 243	45,8	1 323	18,7	7 078
Kreisverbände	1	0,0	857	3,2	5 745	21,6	12 629	47,5	7 383	27,7	26 615
Provinzialverbände . .	49	0,2	1 299	5,1	3 200	12,6	11 736	46,3	9 071	35,8	25 355
Gemeindeverbändezus.	56	0,1	2 430	4,1	11 177	18,9	27 608	46,8	17 777	30,1	59 048
Hansestädte	104	0,3	2 888	7,2	11 317	28,1	12 591	31,2	13 384	33,2	40 284
Insgesamt {Beamte. .	1 762	0,2	83 955	11,9	289 345	40,9	234 673	33,2	97 213	13,8	706 948
Angestellte	—	—	8 329	4,7	20 904	11,9	102 647	58,3	44 097	25,1	175 977
Zusammen	1 762	0,2	92 284	10,5	310 249	35,1	337 320	38,2	141 310	16,0	882 925

Die arabischen Zahlen A 1—A 12 beziehen sich auf die Gruppen der Beamten-besoldung, die römischen auf die Gruppen des Angestelltentarifvertrags.

halten, lassen sich durch Abzug der mittlerweile durch Notverordnungen eingetretenen Gehaltskürzungen die Ausgaben nach dem Stande vom 1. Januar 1932 berechnen.

Beamtengehälter und Pensionen in Reich, Ländern und Gemeinden
nach dem Stande vom 31. März 1929

(in Millionen RM für ein Jahr)

1. Reich, Länder und Gemeinden

Gebietskörperschaften	Be-amten-kopf-zahl	Ge-hälter	Pen-sionen	Spalte 3 + 4	Gesamt-ausgaben aus den be-rein. Etats	Gehälter u. Pen-sionen als Pro-zentteile der Ge-samtausgaben (Spalte 5 als Pro-zente von Sp. 6)
Reich (ohne Wehrmacht)	96 044	497,7	107,5	605,2	8 375,8	7,2 %
Länder (einschl. Hanse-städte)	360 197	1728,8	488,6	2217,4	5 224,9	42,4 %
Gemeinden und Gemeinde-verbände	250 707	1286,9	315,3	1602,2	8 028,7	19,9 %
Stand vom 31. III. 1929	706 948	3513,4	911,4	4424,8	21 629,4	20,4 %

Die Gehaltskürzungen durch die Notverordnungen vom 1. XII. 1930, 5. VI. 1931 und 8. XII. 1931 machen zusammen mit den Ersparnissen durch Stellenwegfall usw. im Durchschnitt etwa 20 % der Ausgaben aus. Nach Abzug dieser 20 % verbleiben demnach als Gesamtausgaben nach dem

Gebietskörperschaften	Be-amten-kopf-zahl	Ge-hälter	Pen-sionen	Spalte 3+4	Gesamt-ausgaben aus den be-rein. Etats	Gehälter u. Pen-sionen als Pro-zentteile der Ge-samtausgaben (Spalte 5 als Pro-zente von Sp. 6)
Stand vom 1. I. 1932 ..	—	2810,72	729,12	3539,84	—	—

2. Reichspost

Voranschlag 1931	242 387	852,52	242,36	1094,88	2 130,—	51,3 %

Nach Abzug von 20 % verbleiben

Stand vom 1. I. 1932 ..	—	682,02	193,90	875,92	—	—

3. Reichsbahn

Stand Mitte 1931 (ohne Kürzungen)	300 415	1060,20	482,70	1612,92	4 000,—	40,3 %

Nach Abzug von 20 % (Kinderzulage in alter Höhe)

Stand vom 1. I. 1932 ..	—	918,57	386,18	1304,75	—	—

Durch Addition der Endsummen zu 1, 2 und 3 kommen wir dann zu folgendem Schlußergebnis: In allen öffentlichen Verwaltungen und Be-trieben sind insgesamt *1 249 750 Beamte* vorhanden. Die persönlichen Kosten dieses Beamtenapparates belaufen sich nach dem Stande vom 1. Januar 1932 (nach Abzug der bis zu diesem Zeitpunkt durchgeführten Gehaltskürzungen) auf insgesamt *4 411,31 Mill. RM.* Auf den einzelnen Beamten entfällt somit ein Jahreseinkommen (einschließlich aller Zu-lagen usw.) im Durchschnitt aller Verwaltungen und Betriebe von *3 529,6 RM* oder monatlich *294,1 RM.* Für die bisher aus diesem Ver-waltungsapparat ausgeschiedenen beamteten Kräfte werden am 1. Januar 1932 an Ruhegeldern, Wartegeldern, Witwen- und Waisenbezügen jähr-lich insgesamt 1 309,2 Mill. RM, d. h. 29,6% der aktiven Bezüge zur Auszahlung gebracht. Die Gehaltskürzungen haben allein bei den Beamteneinkommen einen jährlichen Kaufkraftausfall von rund 1,5 Mil-liarden RM gebracht.

XI. Wandlungen und Tendenzen der Zukunftsentwicklung

Wenn man die Entwicklung des deutschen Besoldungswesens in den letzten Jahrzehnten überblickt, so ist es sehr schwer, aus den tatsächlichen Vorgängen die Faktoren zu entnehmen, von denen voraussichtlich die künftige Entwicklung beherrscht sein wird. Obwohl im Laufe der Zeit das Besoldungswesen manchen, zum Teil auch grundlegenden Änderungen unterworfen war, so ist doch festzustellen, daß diese Änderungen vorwiegend unter dem Einflusse augenblicklicher politischer oder wirtschaftlicher Konstellationen zustande gekommen sind, und daß ihnen weniger eine bewußte Tendenz oder ein auf lange Sicht festgelegter konstruktiver Plan zugrunde lag. Unter Anwendung größter Vorsicht wird man daher über die Möglichkeiten kommender Aus- oder Umgestaltung des Besoldungswesens höchstens so weit gehen können, folgendes zu sagen:

Was die Bemessung der Höhe der Beamtenbezüge anlangt, so macht sich ohne Zweifel die allerdings von jeher vorhandene Abhängigkeit von der allgemeinen Wirtschaftslage, insbesondere von der Situation der öffentlichen Finanzen, in der Gegenwart bedeutend stärker bemerkbar als z. B. in der Vorkriegszeit. War es schon sehr beachtlich, daß im Jahre 1909 die Durchführung der Reichsbesoldungsreform abhängig gemacht wurde von der gleichzeitigen Erledigung der Reichsfinanzreform, so hat mit der Zunahme der wirtschaftlichen und finanziellen Schwierigkeiten im Kriege, in der Inflationszeit und besonders in der gegenwärtigen Zeit der allgemeinen Krise dieses „Junctim" naturgemäß eine erhöhte Bedeutung gewonnen. Diese wird ohne Zweifel mit der Fortdauer der Krise noch steigen. Auch die Erfahrungen, die nach dem Urteil weiter Volkskreise mit der Besoldungsreform von 1927 gemacht wurden, deuten in diese Richtung. Während einer Epoche des wirtschaftlichen Abstiegs wirkt sich die Abhängigkeit der Beamtenbesoldung von der allgemeinen Lage nicht nur gegebenenfalls in einer absoluten Kürzung der Bezüge aus, sondern sie hat gleichzeitig auch die Folge einer verhältnismäßigen Herabdrückung des wirtschaftlichen und sozialen Niveaus, das die Beamtenschaft als Ganzes oder einzelne ihrer Teile einnehmen. Wie jedoch insbesondere die Periode von 1897 bis 1909 zeigt, bilden auch Perioden wirtschaftlichen Aufschwungs nicht ohne weiteres und von sich aus eine Gewähr dafür, daß die Beamtenschaft in gleichem Tempo und Ausmaß an diesem Aufstieg teilnimmt. Der vielfach gemachte Vorschlag, die jeweilige Höhe der Beamtenbezüge in ein festes, automatisch wirksames Verhältnis zum Volkseinkommen bzw. zum Volkswohlstand zu setzen, fand bisher noch bei keiner der maßgeblichen Stellen besondere Sympathie. Die zunehmende Komplizierung aller Verhältnisse und die steigenden Schwierigkeiten, die ohne Zweifel den Weg der heutigen Gesellschaft und des Staates in der nächsten Zeit kennzeichnen werden, werden auf die Beamtenbesoldung jedenfalls die Auswirkung haben, daß ihre Abhängigkeit von den allgemeinen gesellschaftlichen Zuständen noch stärker als bisher in Erscheinung treten wird. Daneben wird die zunehmende Politisierung aller Gebiete des Lebens ohne Zweifel eine steigende Bedeutung der Faktoren zur Folge haben, die in der allgemeinen Bewertung der Beamtenschaft einerseits und in dem politischen Einfluß, den sie genießt, andererseits zu suchen sind. Bei der gleichzeitig zunehmenden Verschärfung der Klassengegensätze wird der Charakter der Beamtenschaft als einer zwischen den Klassen stehenden, von ihrem Kampf und deren Ausgang unberührten, auf staatlich garantierte Rechte pochenden Mittelschicht mit unbedingt gesichertem, erträgliche Lebensverhältnisse gewährleistenden Auskommen mehr und mehr zurücktreten. Die Entwicklung der wirtschaftlichen und sozialen Lage der Beamtenschaft und, soweit diese in der Besoldung zum Ausdruck kommt, die Entwicklung der Beamtenbesoldung, wird mit zunehmender Abhängigkeit parallel verlaufen der Entwicklung, die die gehobeneren Schichten der Arbeitnehmerschaft in bezug auf ihre wirtschaftliche und soziale Lage durchzusetzen imstande sein werden.

Was die mehr besoldungstechnischen Einzelheiten anlangt, so deutet die Entwicklung der letzten Zeit darauf hin, daß gegenüber den grundsätzlichen Änderungen, die die Besoldungsreform von 1920 gebracht hat, gegenwärtig gewisse retardierende Momente wieder stärker geworden sind. Die Vermehrung der Zahl der Besoldungsgruppen, die zunehmende Differenzierung in der Besoldungsbewertung, die Vergrößerung der Abstände zwischen den einzelnen Besoldungsgruppen, insbesondere zwischen den verschiedenen Laufbahnen, die Erschwerung des Aufstiegs, die stärkere Abschließung gegen sogenannte Außenseiter und andere Einzelheiten mehr weisen deutlich auf eine Annäherung an die Besoldungsprinzipien der Vorkriegszeit. Es sind keine Anzeichen festzustellen, die diese Entwicklung bereits als endgültig abgeschlossen erkennen ließen. Man wird also damit rechnen müssen, daß sich diese Tendenz auch späterhin noch da und dort in Einzelheiten Geltung verschafft. Dies schließt jedoch nicht aus, daß bei günstiger Gelegenheit wieder, ähnlich wie 1920, diese Entwicklung unterbrochen wird und sich die Elemente einer sozialeren Gestaltung, einer größeren Einheitlichkeit und Vereinfachung im Besoldungswesen erneut stärker durchsetzen. Eine solche Gelegenheit könnte z. B. das Vorhandensein einer ähnlichen, solchen Bestrebungen günstigen politischen Konstellation sein, wie sie 1920 bestand. Zur Zeit jedoch, und besonders unter dem Einfluß der ungünstigen Wirtschafts- und Finanzverhältnisse wird damit zu rechnen sein, daß die retardierenden Tendenzen sich weiter bemerkbar machen.

Wenn nach dem zu Eingang dieses Abschnitts Ausgeführten die Beamtenbesoldung in zunehmendem Maße von allgemeinen wirtschaftlichen Auffassungen beeinflußt wird, so ist ferner festzustellen, daß auch die bisher herrschende Meinung vom rechtlichen Charakter der Beamtenbesoldung beginnt, unterhöhlt zu werden. Mit der Auffassung, daß die

Beamtenbesoldung keine Gegenleistung für geleistete Dienste, sondern lediglich eine Alimentation, d. h. eine Gewährleistung lebenslänglicher Versorgung ohne Rücksicht auf Leistung und Leistungsmaß sei, ist es jedenfalls im Grundsatz nicht zu vereinbaren, daß man beginnt, die Höhe der Besoldung auf Dienstdauer und Leistungsmaß abzustellen. Dies geschieht aber, wenn, wie in Baden, bei Lehrern, die sich den dienstlichen Anforderungen nicht voll gewachsen zeigen, gleichzeitig mit einer Verkürzung der Pflichtstundenzahl eine Minderung der Bezüge vorgenommen wird, oder wenn, wie in Hamburg, für weibliche Beamte Dienststunden und Gehalt auf die Hälfte herabgesetzt werden. Auch die mehrfach vorgekommenen Fälle gehören hierher, wo zur Vermeidung der Entlassung von Personal in Kommunalbetrieben gleichzeitig mit der Arbeitszeitverkürzung für Arbeiter und Angestellte auch eine Kürzung der Dienstdauer für Beamte mit entsprechender Senkung ihrer Bezüge vorgenommen wurde. Ebenso zu beurteilen schließlich sind die zur Behebung der Anstellungsnot der Junglehrer mehrfach getroffenen Maßnahmen, in deren Verfolg sogar unter Mitwirkung der Lehrerorganisationen Besoldungs- und Beschäftigungsmöglichkeit für Junglehrer durch teilweisen Beschäftigungs- und Gehaltsverzicht bei älteren Lehrern geschaffen wurde. In allen diesen Vorkommnissen dokumentiert sich die Herstellung einer direkten Beziehung zwischen Höhe der Besoldung und zeitlichem Dienstleistungsmaß, also die Einführung eines unverkennbar lohnpolitischen Grundgedankens in die Beamtenbesoldung. Jedoch ist festzuhalten, daß diese Erscheinungen wohl kaum einer beabsichtigten Beeinflussung der Entwicklung im Sinne einer bewußten Abkehr von den bisherigen Grundauffassungen entsprechen, sondern daß sie vielmehr ausschließlich aus dem Zwange der gegenwärtigen Notverhältnisse hervorgehen. Deswegen wird man auch mit einem Urteil darüber, wie die kommende Entwicklung die Frage nach dem Charakter der Beamtenbesoldung beantworten wird, zur Zeit noch zurückhalten müssen. Man wird lediglich, je nach dem Standpunkte, den man einnimmt, mehr oder weniger geneigt sein, auch diese Erscheinungen im Rahmen der oben gekennzeichneten zunehmenden Abhängigkeit der Beamtenbesoldung von den allgemeinen gesellschaftlichen Zuständen und Auffassungen zu sehen.

Um einen Überblick über die Wünsche der Beamtenschaft in bezug auf die Verbesserung oder Umgestaltung der Besoldung zu geben, seien in folgendem die von den maßgebenden Zentralorganisationen der Beamtenschaft auf Grund einer Anfrage des Verfassers zur Verfügung gestellten Aufzeichnungen wiedergegeben.

Grundsätzliche Forderungen des Deutschen Beamtenbundes

I. Im allgemeinen

Die Unterschiede in den Lebensbedürfnissen der übereinandergelagerten Volksschichten vermindern sich bei sich hebender Allgemeinbildung, bei fortschreitender technischer Entwicklung und durch den sozialen Fortschritt naturgemäß.

Dieser Entwicklung folgend, müssen sich die Abstände zwischen den Einkommen der einzelnen Beamtengruppen verkürzen, und zwar dadurch, daß die Bezüge der mittleren und unteren Gruppen näher an die der höheren Gruppen heranreichen.

Beim Zurückgehen auf die Bezüge der Vorkriegszeit muß deren Unzulänglichkeit bei vielen Beamtengruppen berücksichtigt werden.

Gleiche Besoldung bei gleicher Leistung ohne Rücksicht auf Herkunft und Geschlecht.

Das im ganzen als Fortschritt begrüßte System von 1920 wurde mit der Besoldungsneuregelung von 1927 beseitigt, dadurch wurden der Beamtenschaft wichtige Errungenschaften genommen, auf deren Wiedergewinnung sie nicht verzichten kann.

Für die Beamten der Gemeinden und Gemeindeverbände ist die gleichmäßige Übertragung der Besoldungsneuregelung durch Landesgesetzgebung grundsätzlich sicherzustellen.

Im besonderen fordern wir grundsätzliche Einheitlichkeit in der Besoldung und eine gesicherte, von einheitlichen Gesichtspunkten ausgehende Rechtsgrundlage für alle Beamten in Reich, Ländern und Gemeinden.

II. Im einzelnen

a) Grundgehalt

Geringe Spannung zwischen Anfangs- und Endgehältern.

Erreichung des Endgehalts in der Anstellungsgruppe etwa mit dem 40. Lebensjahr.

Für jeden Beamten mindestens eine Aufrückungsgruppe in seiner Laufbahn.

Aufsteigen in Beförderungsgruppen bei höherwertiger Leistung und Tätigkeit, unter angemessener Erhöhung der Bezüge.

Durchführung der Verzahnung für alle Laufbahnen (Zusammentreffen von Beförderungs- oder Spitzenstellen einer Laufbahn mit den Eingangsstellen der höheren Laufbahn in der gleichen Besoldungsgruppe).

Ablehnung der Einführung von Stellenzulagen als Ersatz für Beförderungsstellen.

b) Örtlicher Ausgleich

Durch den am 1. November 1924 eingeführten Wohnungsgeldzuschuß wird kein gerechter Ausgleich der bestehenden örtlichen Unterschiede geschaffen; nach unserer Auffassung kann dieses Ziel nur auf der Grundlage des Ortszuschlags erreicht werden.

Die Tarifklassen des Ortszuschlags sind nach Gehaltssätzen abzugrenzen.

Keine Unterscheidung zwischen ledigen und kinderlos verheirateten Beamten.

c) Sozialzulagen

Kinderzuschläge in gleicher Höhe für alle Beamten.

Erziehungsbeihilfen für Beamtenkinder, die ihre Schul- oder Berufsausbildung nicht am Wohnort des Beamten genießen können.

d) Diätarbezüge

Annäherung der Bezüge der außerplanmäßigen Beamten an das Anfangsgehalt der Anstellungsgruppe.

Planmäßige Anstellung nach fünf außerplanmäßigen Dienstjahren.

Die außerplanmäßigen Beamten dürfen durch verspätete Anstellung keinen geldlichen Nachteil erleiden; bei Überschreitung der bestimmungsmäßig vorgesehenen
Diätariendienstzeit müssen die Grundgehälter und die Ortszuschläge der Eingangsgruppe
gewährt werden.

Gewährung von Unterhaltszuschüssen in angemessener Höhe während der Vorbereitungszeit.

e) Versorgungsbezüge

Übertragung jeder Änderung des Einkommens der aktiven Beamten auf Wartegeld,
Ruhegehalt und Hinterbliebenenbezüge.

Gewährung des vollen Wohnungsgeldes.

Beseitigung vorhandener Härten.

Unsere Forderungen über Änderungen der Besoldungsordnung und Verbesserungen
der Bestimmungen über das Besoldungsdienstalter haben wir in dieser Darstellung der
wichtigsten grundsätzlichen Forderungen nicht mit aufgenommen, ebenso haben wir
davon Abstand genommen, auf unsere Stellungnahme zu den Gehaltskürzungen hin-
zuweisen, weil unsere Auffassung hierüber bekannt ist und im wesentlichen mit der
Auffassung der übrigen Spitzenorganisationen übereinstimmt.

Programm des Allgemeinen Deutschen Beamtenbundes
zur Besoldungsreform

1. System und Aufbau der Besoldungsordnung

Beibehaltung des Gruppensystems unter Verringerung der Zahl der Besoldungsgruppen. Ablehnung jedes Klassen- oder geschlossenen Laufbahnsystems.

2. Eingruppierung

Für die Eingruppierung der Beamten in die einzelnen Besoldungsgruppen sind die
verlangte fachliche Leistung, die Verantwortlichkeit, die Abnutzung der Kräfte und die
mit dem Dienst verbundenen persönlichen Gefahren maßgebend. Der Beamte ist nach
der Gruppe zu besolden, in der sich das Amt oder die Stelle, deren Verrichtungen er
versieht, befindet. Den Angehörigen jeder Laufbahn ist die Aufrückung in eine nächsthöhere Besoldungsgruppe nach Maßgabe des Dienstalters zu ermöglichen. Die Unterbringung der Spitzenstellungen einer Laufbahn in der Eingangsgruppe der nächsthöheren
Laufbahn (Verzahnung) ist durchgehend vorzusehen.

3. Beförderung

Der Aufstieg in höhere Ämter muß allen Beamten bei Bewährung im Dienst zugänglich sein. Soweit ein Nachweis der hierfür erforderlichen Kenntnisse notwendig ist,
ist es bedeutungslos, wo diese erworben sind und aus welcher Laufbahn der Beamte
hervorgegangen ist.

4. Grundgehalt

Die Grundgehälter sind in der Weise zu bemessen, daß auch in der untersten Gruppe
eine im Verhältnis zu den Kosten des Lebensunterhalts und zu den kulturellen Be-
dürfnissen auskömmliche Existenz gewährleistet wird. Demgemäß sind die Spannungen
zwischen den Gruppen von unten nach oben zu verringern. Ferner ist eine frühere
Erreichung des Endgehalts vorzusehen. Die Dienstaltersstufen sind innerhalb der Gruppe
gleichmäßig zu gestalten.

5. Ortszuschlag

An Stelle des Wohnungsgeldzuschusses hat der Ortszuschlag zu treten, der neben der
Entschädigung für die volle Wohnungsmiete einen Spielraum zur Abgeltung der
sonstigen Teuerungsmomente in Stadt und Land enthält. Für die Abstufung des Orts-

zuschlages nach Tarifklassen sind Gehaltsgrenzen, nicht Besoldungsgruppen, maßgebend. Die Zahl der Ortsklassen sowie die Zahl der Tarifklassen bei den aufsteigenden Gehältern ist auf drei festzusetzen. Für die Einreihung in die Ortsklassen sind die wirtschaftlichen (Industrie-, Besiedelungs-, Verkehrs-) Verhältnisse der einzelnen Bezirke maßgebend.

6. Sozialzulagen

Gefordert wird der Einbau des Frauenzuschlages und der Kinderzuschläge in die Grundgehälter. Er hat in der Weise zu geschehen, daß die in Frage kommenden Beträge zu den gemäß Ziffer 4 festgesetzten Grundgehältern zugeschlagen werden. Soweit ein Einbau in dieser Weise nicht vorgenommen wird, sind die Kinderzuschläge in gleicher Höhe für alle Beamten vorläufig beizubehalten.

7. Teuerungszuschlag

Der Teuerungszuschlag als beweglicher Faktor zur Angleichung der Bezüge an die Veränderungen der Preise ist beizubehalten.

8. Nebenbezüge

Die Einführung von Stellenzulagen wie die von Leistungszulagen wird abgelehnt.

9. Diätare

Die außerplanmäßigen Beamten sind in der Besoldung den planmäßigen Beamten in der Weise gleichzustellen, daß sie beim Beginn ihrer außerplanmäßigen Dienstzeit nach dem Anfangsgehalt ihrer Anstellungsbesoldungsgruppe besoldet werden und weiterhin in den Dienstalterstufen aufrücken. Eine Verkürzung der außerplanmäßigen Dienstzeit auf höchstens drei Jahre wird gefordert. Die Bestimmung im § 5 Abs. 2 des Reichsbesoldungsgesetzes (Anstellungszwang) ist mit der aus der Verkürzung sich ergebenden Änderung in Zukunft durchzuführen.

10. Weibliche Beamte

Die Gleichstellung der weiblichen Beamten mit den männlichen bei gleicher Leistung ist beizubehalten.

11. Beamte im Vorbereitungsdienst

Eine angemessene Vergütung für die Beamten im Vorbereitungsdienst ist sicherzustellen.

12. Wartegeldempfänger, Ruhestandsbeamte und Hinterbliebene

Auf Wartegeldempfänger, Ruhestandsbeamte und Hinterbliebene sind Verbesserungsbestimmungen in der Weise anzuwenden, als ob ihr Wartegeld- bzw. Versorgungsanspruch am Tage des Inkrafttretens der Besoldungsneuregelung entstanden wäre. Alt- und Neupensionäre sind gleichzustellen. Eine Herabsetzung des Höchstsatzes des Ruhegehalts von 80% hat zu unterbleiben. Dasselbe gilt sinngemäß für die Hinterbliebenen.

13. Besoldungsvorschriften. Besoldungsdienstalter

Die Besoldungsvorschriften sind zu vereinfachen. Hierbei ist u. a. die Anrechnung von Vordienstzeit auf das diätarische und Besoldungsdienstalter und die Berechnung des Besoldungsdienstalters beim Aufstieg in höhere Gruppen günstiger zu gestalten. Ein Verlust am Besoldungsdienstalter beim Aufstieg darf nicht stattfinden.

14. Zahlungsweise der Bezüge

Die Inkraftsetzung der Vorschrift des § 20 Abs. 1 des Besoldungsgesetzes (vierteljährliche Gehaltszahlung) ist zu fordern.

15. Anrechnung sonstiger Bezüge

Außer im Falle des § 19 des Besoldungsgesetzes (Naturalbezüge) ist zu fordern, daß keine irgendwie geartete Anrechnung sonstiger Bezüge (Privateinkommen, Arbeitseinkommen, Kapitalertrag, Militär- oder Kriegsbeschädigtenrente, Unfallrente, Rente aus privaten oder öffentlichen Versicherungen usw.) auf die Besoldung vorgenommen werden darf.

16. Kapitalabfindung

Die Aufnahme einer Vorschrift, wonach die Kapitalisierung des Ortszuschlages oder eines Teiles davon für Zwecke des Wohnungsbaues nach Maßgabe eines besonderen Gesetzes ermöglicht wird, ist zu fordern.

17. Einheitlichkeit der Besoldung

Gleichwertige und gleich zu bewertende Stellen sind ohne Rücksicht auf die Art, wie der Stelleninhaber die erforderliche Vorbildung erworben hat, bei Reich, Staat und Gemeinden gleichmäßig zu besolden. Die Besoldungsgrundsätze und der Besoldungsaufbau bei allen öffentlichen Körperschaften sind einheitlich zu gestalten.

Die hauptsächlichsten Forderungen des Reichsbundes der höheren Beamten

1. Sicherstellung einer angemessenen Lebenshaltung. Das Diensteinkommen muß dem Beamten eine Lebenshaltung ermöglichen, die „der Achtung und dem Ansehen, das sein Beruf erfordert", entspricht. Es muß seine Unantastbarkeit gewährleisten und darf im staatlichen Interesse auch die Möglichkeit der Befriedigung kultureller Bedürfnisse nicht außer acht lassen.

2. In dem Gehalt des Beamten muß ferner ein Entgelt für die Kosten der Vorbildung, der unentgeltlichen Ausbildung in seinem Beruf und die unzureichend oder gar nicht bezahlten Dienstleistungen während der Wartezeit bis zur festen Anstellung enthalten sein.

3. Berücksichtigung des Leistungsprinzips:
Nach der herrschenden staatsrechtlichen Anschauung ist die Besoldung des Beamten keine Vergütung für einzelne oder eine Summe von Diensten, sondern die Gewährung einer Unterhaltsrente dafür, daß der Beamte seine volle Arbeitskraft dem Staate zu widmen hat. Dabei ist aber auch der Wert der Leistungen und das Maß der Verantwortung angemessen zu berücksichtigen.

4. Angleichung des Gehalts an die anerkannt bescheidenen Realgehälter der Vorkriegszeit, hinter denen zahlreiche Beamtengruppen auf Grund der Besoldungsregelung der Nachkriegszeit mit ihren Bezügen außerordentlich stark zurückgeblieben sind.

5. Gleichheit in der Besoldung der miteinander vergleichbaren Beamten im Reich, den Ländern und den Gemeinden. Es führt zu unerwünschten Zuständen, wenn sich, wie das in den letzten Jahren vielfach geschehen, starke Verschiedenheiten in der Besoldung von solchen Beamten des Reichs, der Länder und der Gemeinden herausbilden, die nach ihrer Vorbildung, Leistung und dem Maß ihrer Verantwortung einander durchaus gleichstehen.

Anlagen

1. Grundgehälter nach der Reichsbesoldungsordnung von 1927*

Besoldungsordnung A

Gruppe	1. Stufe	2. Stufe	3. Stufe	4. Stufe	5. Stufe	6. Stufe	7. Stufe	8. Stufe	9. Stufe	10. Stufe	11. Stufe	Wohnungsgeldzuschuß nach Tarifklasse
1	8400	9500	10600	11600	12600							II
2a	5400	6000	6600	7100	7600	8100	8600	9100	9700			
2b	7000	7500	8000	8500	8900	9300	9700					
2c	4800	5200	5600	6000	6400	6800	7200	7500	7800	8100	8400	III
2d	4800	5200	5600	6000	6400	6800	7200	7500	7800			
3	4800	5200	5600	6000	6400	6700	7000					
4b	4100	4400	4700	4950	5200	5500	5800					
4a	3000	3300	3600	3900	4200	4450	4700	4950	5200	5500	5800	
4c	2800	3050	3300	3550	3800	4000	4200	4400	4600	4800	5000	IV
4d	2800	3050	3300	3550	3800	4000	4200					
5a	2800	3000	3200	3400	3600	3750	3900	4050	4200			
5b	2300	2550	2800	3000	3200	3400	3600	3800	4000	4200		
6	2400	2600	2750	2900	3050	3200	3350	3500	3600			
7	2350	2500	2650	2800	2950	3100	3200	3300	3400	3500		
8a	2000	2090	2180	2270	2360	2450	2540	2620	2700			
8b	1700	1820	1930	2040	2140	2240	2330	2430	2520	2610	2700	V
9	1700	1800	1900	2000	2100	2200	2300	2400	2500	2600		
10	1600	1690	1780	1870	1960	2050	2140	2230	2320	2400		
11	1500	1590	1680	1770	1860	1950	2040	2120	2200			
12	1500	1580	1650	1730	1800	1880	1950	2030	2100			VI

Besoldungsordnung B

Gr. 1 45 000 RM
„ 2 36 000 „
„ 3 24 000 „
„ 4 19 000 „
„ 5 18 000 „ Wohnungsgeldzuschuß nach Tarifklasse I
„ 6 17 000 RM
„ 7 16 000 „
„ 8 14 000 „ Wohnungsgeldzuschuß nach Tarifklasse II

* Die bezeichneten Besoldungsbestandteile unterliegen der Gehaltskürzung (siehe Abschnitt VII).

2. Diätenordnung für die außerplanmäßigen Beamten
ab 1. November 1931 *.

Beamte, die ihre erste planmäßige Anstellung finden in Besoldungsgruppe	Im 1. und 2. Diätendienst- jahr, Versorgungs- anwärter im 1. Diätendienst- jahr RM	Im 3. und 4. Diätendienst- jahr, Versorgungs- anwärter im 2. und 3. Diäten- dienstjahr RM	Im 5. Diäten- dienstjahr, Versorgungs- anwärter im 4. Diäten- dienstjahr RM
A 2 und A 3	3 400	3 950	4 400
A 4	2 000	2 300	2 600
A 5, A 6 und A 7 . . .	1 700	1 950	2 160
A 8 a	1 500	1 680	1 850
A 8 b	1 350	1 430	1 500
A 9 und A 10	1 300	1 400	—
A 11 und A 12	1 250	1 330	—

3. Kinderzuschlag

Für das 1. Kind . . . . 120,— RM jährlich
„ „ 2. Kind . . . . 240.— „ „
„ „ 3. und 4. Kind . . . . . 300.— „ „
„ „ 5. und jedes weitere Kind 360.— „ „

4. Wohnungsgeldzuschuß

Ortsklasse	Jahresbetrag für Tarifklasse						
	I RM	II RM	III RM	IV RM	V RM	VI RM	VII RM
Sonderklasse	2 100	1 680	1 320	960	720	528	336
A	1 800	1 440	1 140	840	612	444	288
B	1 500	1 200	900	660	504	372	240
C	1 140	900	720	540	396	288	180
D	840	660	540	396	288	216	132

Die Jahresbeträge des Wohnungsgeldzuschusses * einschließlich des z. Zt. gültigen Zuschlages von 20 v. H. sind wie folgt festgesetzt:

Ortsklasse	In Tarifklasse							
	I RM	II RM	III RM	IV RM	V RM	VI RM	VII RM	VII bei 40 % Abzug RM
Sonderklasse	2 520	2 016	1 584	1 152	864	636	402	240
A	2 160	1 728	1 368	1 008	732	534	348	210
B	1 800	1 440	1 080	792	606	444	288	174
C	1 368	1 080	864	648	474	348	216	132
D	1 008	792	648	474	348	258	156	96

* Die bezeichneten Besoldungsbestandteile unterliegen der Gehaltskürzung (siehe Abschnitt VII).

5. Spannungsverhältnis der Anfangs- und Endgrundgehälter der Reichsbeamten vom Oktober 1927

(Anfangsgehalt der Besoldungsgruppe 12 = 100)

Besoldungs-gruppe	Anfangs-gehalt	End-gehalt	Besoldungs-gruppe	Anfangs-gehalt	End-gehalt
12	100,00	100,00	4 d	186,66	200,00
11	100,00	104,76	4 c	186,66	238,09
10	106,66	114,28	4 b	273,33	276,19
9	113,33	123,80	4 a	200,00	276,19
8 b	113,33	128,57	3	320,00	333,33
8 a	133,33	128,57	2 d	320,00	371,42
7	156,66	166,66	2 c	320,00	400,00
6	160,00	171,42	2 b	466,66	461,90
5 b	153,33	200,00	2 a	360,00	461,90
5 a	186,66	200,00	1	560,00	600,00

Printed by Libri Plureos GmbH
in Hamburg, Germany